아니메 &
코미케

아니메 &
코미케

최병헌
윤상민
지음

이담
Books

목차

1장

들어가는 말

ANIME & COMICKET

일본 애니메이션(Animation), 일명 '아니메(Anime)'에 대한 열기가 세계적으로 뜨겁다. 장편 애니메이션 아카데미상을 받았던 '센과 치히로의 행방불명'이나 '하울의 움직이는 성'과 같은 스튜디오 지브리(Ghibli)의 대표 작품들을 비롯하여 2016년 세계적으로 큰 인기를 얻었던 신카이 마코토 감독의 '너의 이름은'은 극장판 아니메의 저력을 느낄 수 있게 하는 작품들이다. 아울러 TV 방영 아니메들도 색다른 주제와 다양성을 바탕으로 한국, 중국, 대만, 태국뿐만 아니라 북미와 유럽 등 전 세계적으로 탄탄한 마니아(Mania)증을 형성해왔다. 최근 넷플릭스(Netflix), 아마존 프라임 비디오(Amazon Prime Video)와 같은 온라인 스트리밍(Streaming) 업체들이 일본 아니메 제작사들과 제휴, 협력에 적극적으로 나서면서, 그동안 DVD나 OVA(Original Video Animation), 또는 불법 다운로드를 통해 TV 아니메를 접했던 해외 마니아들이 좀 더 쉽고 간편하게 아니메를 볼 수 있게 되었다.

사실 일본의 아니메 제작사들은 비록 규모는 작지만, 디즈니(Disney)나 픽사(Pixar)처럼 해외에서도 잘 팔리는 애니메이션을 꾸준히 만들어 왔다. 그리고 아니메 제작 당시 해외시장을 겨냥했던 것이 아니고, 일본 시장에 특화된 주제로 아니메를 만들었는데, 오히려 그런 주제들을 좋아하고 즐겨 보는 해외 시청자들이 점점 늘어나고 있다. 2012년부터 2017년까지 아니메 산업의 매출액은 5년 연속 증가하며 제4차 '아니메 붐(Boom)'을 맞이하고 있으며, 특히 해외 매출 증가와 온라인 스트리밍(streaming) 매출 증가가 가장 돋보인다. 이는 아니메가 '뭔가 새롭고 재미있는 콘텐츠(contents)'로서 해외에서 큰 인기를 얻고 있다는 뜻이다. 왜 그럴까? 이 책은 아니메가 해외에서 새롭고 재미있는 콘텐츠로서 인기를 끌고 있는 원인이 무엇인지를 파악하고자 하였다. 즉 아니메 같은 콘텐츠를 일본 외 다른 지역 제작사들이 왜 쉽게 모방할 수 없는지, 아니메가 어떻게 지속 가능한 차별화에 성공하였는지 살펴보았다. 무엇보다도 만화책과 아니메를 좋아하는 일본 특유의 사회문화적 현상에 주목하였고, 그러한 사회문화적 현상의 일환으로서 아마추어 동인회(同人會)들이 주도하는 만화, 라이트 노벨(Light Novel), 아니메 등 콘텐츠 교류 전시회, '코믹 마켓(Comic Market)' 일명, '코미케(Comiket)'의 가치를 분석하였다.

적어도 일본에서는 애니메이션에 대한 일반인들의 주류 인식, 즉 '패러다임(Paradigm)' 변화가 나타나고 있는데, 이러한 패러다임 변화는 애니메이션이 더 이상 어린이들만의 전유물이 아니라는 점, 애니메이션이 단순히 '보는 것'만이 아니며, 하위문화(서브컬처; subculture)한 장르에서 탈피하였다는 점 등 세 가지로 요약할 수 있다. 바꿔 말하면 어른들이 아이들보다 애니메이션을 더 많이 보고, 애니메이션을 직접 즐기고 체험하며, 그림과 영상기술, 음향효과, 성우들이 복합적으로 연결된 예술작품으로 여기는 것이다. 종합 예술작품으로서 아니메, 또는 어른들이 즐겨 보는 아니메는 작화(作畵)와 스토리, 촬영, 편집 방법에서 차이를 추구하는 아니메 스튜디오들의 차별화 전략과 관련이 많다. 또한, 아니메가 '직접 체험하는 것'으로 진화한 점은 도쿄의 3대 체험 공간, 즉 아키하바라, 이케부쿠로, 나카노 브로드웨이의 발전과 관계가 깊고, 아니메가 주류 문화 영역에 들어선 점은 극장판 아니메의 증가, 코미케의 지속적인 발전에서 찾을 수 있다.

따라서 다음 제2장에서는 아니메 산업 발전 현황과 특징을 정리하였고 산업 패러다임 변화의 3대 징후를 살펴보았다. 제3장에서 아니메 스튜디오의 다양성과 차별화 전략은 아니메 산업의 초기 유전자를 형성했던 3대 제작사, 토에이 애니메이션, 무시 프로덕션, 타츠노코 프로의 성장과 분화, 주요 특징을 중심으로 살펴보았다. 제4장에서는 아니메 3대 체험 공간의 발전을 각 공간에 대한 접근의 용이성, 점포 콘텐츠의 다양성, 점포 밀집도를 중심으로 기술하였다. 제5장에서는 코미케의 지속성을 다루었고, 코미케의 두 가지 철학, 자유와 평등이 코미케 발전에 어떤 영향을 주었는지 짚어보았다. 마지막으로 제6장에서는 아니메 산업이라는 거대 빙산의 하부구조를 마이클 포터(M. Porter)가 제시한 '다이아몬드(Diamond) 모델'을 활용하여 분석하였다. 아울러 다이아몬드 모델의 네 가지 요인 중에서 수요조건이 왜 아니메 산업 발전의 중심에 놓여야 하는지, 또한 코미케의 역할과 가치가 무엇인지 살펴보았다. 부디 이 책이 아니메에 관심을 가진 사람들에게 아니메 산업 구조를 이해하고 코미케와 관계를 파악하는 데 유익한 도움이 되었으면 하는 바람이다.

2장

아니메(Anime) 산업 발전 현황과 특징

ANIME & COMICKET

아니메 산업 발전 현황:

성장 동력의 변화

2017년 '아니메' 산업의 총매출액(제작과 판매, 관련 부가사업을 모두 포함한 넓은 의미의 추정치)은 사상 처음 2조 엔(yen)을 돌파하였다(그림 1). 2017년 아니메 산업 전체 매출액은 2조 1,530억 엔으로 2016년 매출액(1조 9,920억 엔)보다 8% 증가했다. 특히 2012년부터 2017년까지 5년 연속 매출액이 계속 증가하여, 일본에서 2004~2008년까지 제3차 '아니메 붐(Boon)' 이후 제4차 '아니메 붐' 시대가 열렸다는 평가가 나오고 있다. 2012~2017년 아니메 산업 매출액의 연평균 증가율은 10.1%로 제3차 '아니메 붐' 시기(2004~2008년) 매출액 연평균 증가율 3.1%보다 훨씬 높았다. 제4차 '아니메 붐'을 이끄는 동력은 해외 판매 증가, 온라인 스트리밍(streaming) 수요 증가, 극장판 아니메 실적 호전 및 라이브 엔터테인먼트(Live Entertainment) 등 수익구조의 다변화와 관련이 깊다. 2012~2017년 아니메 산업 매출액의 항목별 추이를 살펴보면(표 1), 가장 눈에 띄게 늘어난 부분이 해외 판매이며, 라이브 엔터테인먼트와 온라인 스트리밍 서비스도 증가세를 나타냈다. TV 방영과 영화관 매출액, 음반 매출액은 완만한 증가에 가까운 보합세를 보였으나, 비디오(DVD)

매출액과 아니메 굿즈(Goods), 피규어(Figures), 캐릭터 용품 등 머천다이징(merchandising) 및 아니메 캐릭터 탑재 파친코(Pachinko)와 유사 게임기(슬롯머신) 매출액은 꾸준히 줄어들었다.

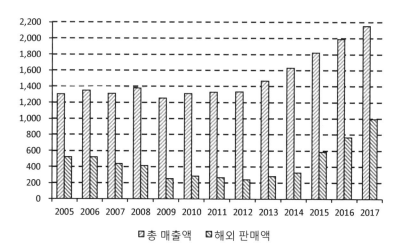

출처: 일본 애니메이션 협회(AJA), 2019, "Anime Industry Report 2018," p. 2.

(그림 1) 일본 애니메이션(아니메) 산업의 총매출액과 해외 판매액 추이(10억 엔)

2012~2017년 아니메 산업 항목별 매출액과 매출 비중 추이를 살펴보면(표 1), 2017년 아니메 산업의 매출액 2조 1,530억 엔에서 해외 판매는 9,948억 엔으로 가장 높은 비중(46.2%)을 차지하였고, 머천다이징이 5,232억 엔(24.3%), 파친코 및 유사 게임기(슬롯머신)가 2,687억 엔(12.5%)으로 그 뒤를 이었다. 그 밖에 TV 방영은 1,069억 엔으로 2017년 매출액의 5.0%를 차지하였고, 비디오(DVD) 판매, 극장 상영, 라이브 엔터테인먼트가 각각 765억 엔(3.6%), 410억 엔(1.9%), 615억 엔(2.9%)을 기록했다. 최근 5년간 부문별 매출액 비중 추이에서, 해외 판매는 2012년 18.1%에서 2016년 38.5%,

2017년 46.2%로 급격히 올랐으며, 라이브 엔터테인먼트의 경우 2012년에는 조사 대상도 아니었으나, 2013년 1.7%에서 2016년 2.7%, 2017년 2.9%로 꾸준히 상승했다. 같은 기간 온라인 스트리밍 매출 비중도 2.0% → 2.4% → 2.5% 상승세를 나타냈다.

(표 1) 일본 애니메이션 산업의 항목별 매출액과 매출 비중 추이(2012~2017년) (10억 엔, %)

매출 항목	2012		2013		2014		2015		2016		2017	
	매출액	비중	매출액	비중	매출액	비중	매출액	비중	매출액	비중	매출액	비중
TV	95.1	7.1	102.0	6.9	110.7	6.8	107.2	5.9	105.9	5.3	106.9	5.0
영화	40.9	3.1	47.0	3.2	41.7	2.6	47.7	2.6	66.4	3.3	41.0	1.9
비디오(DVD)	105.9	7.9	115.3	7.8	102.1	6.3	92.8	5.1	78.8	4.0	76.5	3.6
온라인 스트리밍	27.2	2.0	34.0	2.3	40.8	2.5	43.7	2.4	47.8	2.4	54.0	2.5
머천다이징	573.2	43.0	598.5	40.7	655.2	40.2	579.4	31.8	562.7	28.2	523.2	24.3
음반	23.0	1.7	24.6	1.7	23.7	1.5	25.8	1.4	28.5	1.4	26.1	1.2
해외 판매	240.8	18.1	282.3	19.2	326.5	20.0	583.3	32.0	767.6	38.5	994.8	46.2
파친코 및 유사 게임기	227.2	17.0	242.7	16.5	298.1	18.3	294.1	16.1	281.8	14.1	268.7	12.5
라이브 엔터테인먼트	N/A	N/A	24.5	1.7	31.1	1.9	47.5	2.6	52.9	2.7	61.5	2.9
합계	1,333	100	1,471	100	1,630	100	1,822	100	1,992	100	2,153	100

출처: 일본 애니메이션 협회(AJA), 2019, "Anime Industry Report 2018," p. 4.

반면 머천다이징의 매출 비중은 2012년 43%에서 2016년 28.1%, 2017년 24.3%로 급감하였고, 파친코와 유사 게임기 매출 비중도 같은 기간 17% → 14.1% → 12.5%로 계속 줄어들었다(표 1). 또한, TV 방영 매출 비중도 7.1% → 5.3% → 5.0%로 꾸준히 감소했고, 음반 매출 비중도 1.7% → 1.4% → 1.2%로 하락세를 보였다. 한편 영화관 매출 비중은 2012년 3.1%에서 2016년 '너의 이름은'이 크게 히트하면서 3.3%까지 상승하였으나 2017년에는 큰 히트작이 없어 1.9%로 다시 내려앉았다. 무엇보다도 아니메의 일본 현지 매출액은 2002년부터 꾸준한 상승세를 유지하며 2014년 1.3조 엔을 돌파하였으나 그 이후 감소세로 돌아선 반면, 해외 판매는 2009~2013년 2,800억 엔 수준에서 보합세를 유지하다가 2014년부터 급격히 증가, 2017년 1조 엔에 근접한 점이 눈에 띈다(그림 2). 이는 무선 인터넷을 통한 온라인 스트리밍 서비스의 확대로 해외에서 아니메 접근 편의성이 크게 향상된 것과 관련이 깊다.

먼저 아니메 해외 판매 현황을 좀 더 구체적으로 살펴보면, 2017년 아니메 판매 계약(대부분 TV 방영권 판매) 건수에서 한국, 중국, 대만 등 아시아가 전체 계약(2,408건)의 40.2%를 차지하였다(그림 3). 유럽과 북아메리카는 전체 판매 계약에서 각각 24.5%, 20.9%를 차지하였고, 오세아니아(8.1%), 아프리카(2.9%), 라틴 아메리카(2.8%)가 그 뒤를 이었다. 이는 아니메가 국가나 지역을 가리지 않고 전 세계적으로 잘 팔린다는 것을 의미한다. 특히 해외 계약 건수에서 아시아 비중은 2016년 38.4%에서 1.8% 포인트 상승하는 데 그쳤으나, 북아메리카 비중은 2016년 6.8%에서 무려 14.1% 포인트 상승했고 유럽의 비중은 2016년 27.4%에서 2.9% 포인트 감소했다.

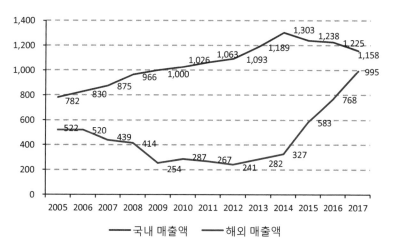

출처: 일본 애니메이션 협회(AJA), 2019, "Anime Industry Report 2018," p. 2.

(그림 2) 일본 애니메이션 산업의 국내 매출액과 해외 매출액 추이(10억 엔)

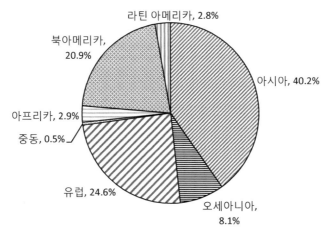

출처: 일본 애니메이션 협회(AJA), 2019, "Anime Industry Report 2018," p. 6.

(그림 3) 세계 지역별 아니메 판매 계약 건수 비중(2017년)

2017년 국가별 아니메 판매 계약 건수에서 미국이 215건으로 가장 많았고, 한국과 대만, 프랑스가 각각 163건, 155건, 152건으로 그 뒤를 이었다. 미국의 경우 2015년까지 판매 계약 건수에서 줄곧 1위였으나, 2016년 4위로 떨어졌다가 2017년 다시 1위로 올라섰다. 그 밖에 캐나다(142건), 중국(121건), 영국(91건), 호주(77건), 홍콩(48건), 뉴질랜드(45건), 아일랜드(45건)가 판매 계약 상위 10개국에 이름을 올렸다. 결국, 아니메는 아시아, 북미, 유럽을 중심으로 해외 판매 지역 다각화에 성공하였다고 할 수 있다.

두 번째로 해외 판매 증가와 함께 온라인 스트리밍 서비스, 즉 인터넷을 통한 아니메 판매 증가세에도 주목할 필요가 있다. 무선 인터넷 기술 발전과 다양한 모바일(mobile) 디바이스(device) 이용자 급증은 넷플릭스(Netflix)나 아마존 프라임 비디오(Amazon Prime Video) 등 온라인 스트리밍을 통해 콘텐츠(contents)를 공급하는 글로벌 OTT(Over

The Top) 업체들의 성장을 촉진시켰다. 월트 디즈니 컴퍼니(Walt Disney Company)가 2019년 11월부터 '디즈니 플러스(Disney +)'를 통해 온라인 스트리밍 서비스를 본격적으로 시작하게 되면, 온라인 스트리밍은 콘텐츠를 접하는 가장 대중적인 방법이 될 것으로 예상된다. 온라인 스트리밍을 통한 아니메 판매액은 2017년 540억 엔에 달했는데 이는 2012년 272억 엔에서 5년 만에 두 배 이상 늘어난 것이다(그림 4). 특히 무선 인터넷과 스마트폰 보급이 확산하기 시작한 2011~2012년이 온라인 스트리밍을 통한 아니메 판매 급증세의 기점이 되었고, 2012~2017년 연평균 증가율은 14.7%에 달했다.

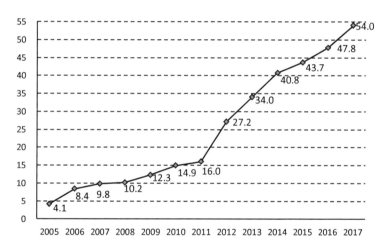

출처: 일본 애니메이션 협회(AJA), 2019, "Anime Industry Report 2018," p. 5.

(그림 4) 온라인 스트리밍을 통한 아니메 매출액 증가 추이(10억 엔)

앞으로 온라인 스트리밍은 아니메 매출 항목에서 더욱 큰 비중을 차지할 것으로 전망된다. 다만 2019년 현재 해외에서 온라인 스트리밍 사업은 대부분 넷플릭스와 아마존 프라임 비디오를 통해 진행되고 있으며, 여기에 디즈니 플러스까지 가세하면 해외에서 글로벌

OTT에 대한 의존도는 더욱 커질 것으로 예상된다. 반면 아니메 비디오 판매액은 2005년 1,388억 엔으로 정점을 찍은 후 꾸준히 하락하여, 2012년 1,059억 엔, 2017년 765억 엔까지 떨어졌다. 온라인 스트리밍이 콘텐츠 소비의 핵심 방법으로 자리매김함에 따라, 2020년 즈음 온라인 스트리밍 매출액이 비디오 판매액을 추월할 것으로 예상된다.

세 번째로 극장용 아니메의 매출 증가 추세도 언급할 필요가 있다. 2016년 일본 박스 오피스(Box Office) 기준, 아니메의 극장 상영 매출액은 664억 엔으로 2015년 477억 엔보다 무려 41.4% 늘어났다(표 1). 2016년 극장 상영 매출액이 급증한 것은 신카이 마코토 (Shinkai Makoto) 감독의 '너의 이름은(Your Name)'의 초대형 인기에 힘입은 바 크다. 다만 2017년에는 '너의 이름은'과 같은 초대형 히트작이 없어, 극장 상영 매출액이 410억 엔으로 떨어졌다. 결국, 2016년은 극장판 아니메 매출 추이에서 매우 특이한 해였다고 볼 수 있다. 그런데 '너의 이름은'이 큰 성공을 거두기 전까지 극장판 아니메는 스튜디오 지브리(Ghibli) 작품들의 주요무대였다. 지브리의 미야자키 하야오(Hayao Miyazaki) 감독은 작가주의에 입각한 극장용 아니메에 철저히 특화하여, 1990년대 중반부터 '센과 치히로의 행방불명(Spirited Away)', '하울의 움직이는 성(Howl's Moving Castle)', '바람이 분다(Wind Rises)', '벼랑 위의 포뇨(Ponyo on the Cliff)' 등 박스 오피스 기준 100억 엔을 돌파한 작품들을 꾸준히 출시하였다. 2013년 미야자키 하야오 감독의 세 번째 은퇴 선언 이후, 신카이 마코토 감독의 성공은 '포스트(post)-하야오'를 기대했던 극장판 아니메 업계에 매우 반가운 소식이라고 할 수 있다.

비록 2017년 극장 상영 매출액이 전년보다 크게 줄어들었지만,

2000년대 중반부터 극장 상영 매출액은 전반적인 상승세를 유지하였다. 2017년 일본에서 상영된 극장판 아니메는 모두 84편으로 2016년보다 세 편이 늘어났으나 2015년보다는 두 편이 적었다. 2017년 극장판 아니메의 총 상영시간은 6,157분(편당 러닝타임 73.3분)으로 역대 최대치를 기록했다. 극장판 아니메 상영 건수는 2008년 31편까지 줄었으나, 그 후 10년간 꾸준히 늘어났으며 총 상영시간도 2008년 이후 완만히 늘어나다가 최근 3년간 급증했다(그림 5).

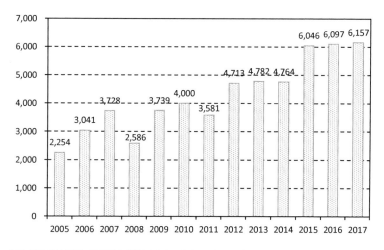

출처: 일본 애니메이션 협회(AJA), 2019, "Anime Industry Report 2018," p. 5.

(그림 5) 일본 극장판 애니메이션 연간 총 상영시간 추이(분; minutes)

이는 '명탐정 코난'이나 '도라에몽', '짱구는 못 말려' 등 TV 방영 시리즈 극장판의 인기, 대형 화면에 각종 첨단 기술과 특수 효과가 가미된 극장판 아니메 수요 증가와 관련이 깊다. 한편 아니메의 연간 TV 방영 시간(온라인 스트리밍 제외)은 2006년 13만 6,407분으로 정점을 찍은 뒤, 2010년 9만 445분까지 하락했다가 다시 완만한 상승세를 나타내며 2016년 11만 6,409분을 기록했다. 다만 2012년 이후 TV 방영 시간은 11~12만 분대에서 정체된 모습이며, 여전히 많은 스튜디오가 수작업에 의한 작화 시스템을 고집하여 종사자들이 '장시간 노동, 저임금, 불안정한 신분' 구조에서 벗어나지 못하고 있음을 고려할 때, TV 방영 시간은 더 이상 늘어나기 어렵다는 주장이 설득력을 얻고 있다.

아니메 산업 발전 특징 :

산업 패러다임의 변화

2012년 이후 다시 시작된 '제4차 아니메 붐'의 몇 가지 특징들은 애니메이션에 대한 기존 생각들을 바꾸고 있으며, 이는 산업 패러다임(paradigm)의 변화라는 측면에서 다룰 수 있다. 첫째, 적어도 일본에서는 '애니메이션의 주요 시청자가 어린이들이다.'라는 주장이 잘 통하지 않는다는 점이다. 밤 9시 이후 TV에서 방영되는 아니메, 즉 심야 아니메가 대부분 어른을 주요 시청자로 삼고 있다는 점을 고려하면, 2015년부터 2017년까지 3년 연속 심야 아니메의 TV 방영 시간이 낮 시간 아니메 방영 시간을 추월한 것은 시사하는 바가 매우 크다. 2015년 심야 아니메의 연간 방영 시간은 6만 800분으로 주간 아니메 방영 시간(5만 4,733분)을 사상 처음으로 뛰어넘었다(그림 6).

2016년에는 심야와 주간 아니메 방영 시간 차이가 1만 4,255분으로 전년도 차이(6,067분)보다 더욱 커졌으나, 2017년 양자 간 차이가 8,895분으로 다소 줄었다. 2010년 이후 심야 아니메 방영 시간은 꾸준히 증가, 최근 5년(2012~2017년) 연평균 증가율은 7.9%에 달했다. 반면 낮 시간 아니메 방영 시간은 2007년 7만 7,326분으로 정점을 찍은 후 2012년 6만 2,282분, 2015년 5만 4,733분, 2017년 5만 3,757분으로 하락세를 보였다. 심야 아니메, 즉 성인용 아니메 방영 시간의 증가는 일본에서 애니메이션이 본격적으로 방영되기 시작한 1960년대 출생 세대가 어느덧 60대에 접어들었고, 그 이후 출생 세대들도 40~50대가 되었지만, 그들이 여전히 아니메를 즐겨 보고 있다는 추론을 가능하게 한다. 결국, 아니메 스튜디오들이 어린이들과 모든 연령대의 시청자들이 공감할 수 있는 이야기뿐만 아니라, 시공을 초월한 다양한 장르의 이야기들을 다루는 것은 온전히 성인 시청자들의 니즈(needs)를 겨냥한 것이라고 할 수 있다. 성인 시청자의 경우, 권선징악(勸善懲惡)이나 일반적인 해피엔딩보다는 자신이 좋아하는 주제만 계속 골라서 보는 세분화 현상이 비교적 뚜렷하게 나타나기 때문이다.

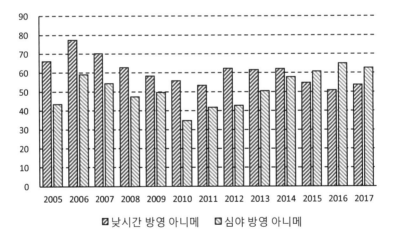

출처: 일본 애니메이션 협회(AJA), 2019, "Anime Industry Report 2018," p. 3.

(그림 6) 낮 시간(어린이) 아니메와 심야(성인) 아니메의 연간 TV 방영 시간 추이(1,000분)

둘째, 아니메가 단순히 '보는 것'을 뛰어넘어, '직접 체험하는 것'으로 진화하고 있다는 점이다. 즉 아니메를 직접 체험하는 것은 연극이나 뮤지컬(musical), 주연 성우들의 토크 쇼(talk show)나 주제곡 콘서트(concert), 팬(pan) 사인(sign)회를 통해 이루어지고 있으며, 상설 박물관이나 미술관 기획 전시회 및 아니메 카페(café)도 중요한 체험 공간이다. 이처럼 아니메를 직접 체험하는 라이브 엔터테인먼트 매출액은 2017년 615억 엔으로 전년보다 16.3% 늘어났고, 공식 집계가 시작된 2013년 매출액(245억 엔)보다는 약 2.5배 증가했다(표 1). 특히 인기 아니메 주연 성우들이 주도하는 아니메 주제곡 콘서트와 각종 라이브 쇼의 인기가 갈수록 치솟고 있으며, 관련 매출액은 2013년 100억 엔 수준에서 2017년 300억 엔을 훌쩍 넘어섰다. 아울러 아니메에 등장했던 유명 스폿(spot) 방문, 아니메 성지 순례 및 박물관과 미술관 투어, 기획 전시회 등도 아니메 직간접 체험을 위해 일본에 오는 해외 관광객들의 주요 프로그램으로서 인기를 끌고 있다.

셋째, 적어도 일본에서 아니메는 더 이상 '하위문화(subculture)'의 한 장르가 아니라는 점이다. 앞서 언급하였듯이, 2000년대 중반부터 극장판 아니메의 매출액은 전반적인 상승세를 유지하였고, 특히 2012년 400억 엔을 넘어서면서 상승세가 더욱 강해지고 있다(표 1). 극장판 아니메 상영 건수는 2008년 31편에서 2017년 84편까지 늘어났으며, 총 상영시간도 2015년부터 급증하여 3년 연속 6천 분을 넘겼다(그림 5). 이에 따라 일본 박스 오피스 기준 영화 상영 매출총액에서 아니메가 차지하는 비중은 2005년 27.7%에서 지속적인 상승세를 유지하며 2016년 44.3%까지 상승하였다가, 2017년에는 38%로 떨어졌다(그림 7). 그러나 2017년 일본의 영화 상영 매출총액 상위 10개 작품 중에서 아니메가 5개를 차지하였다. 이는 적어도 일본에서는 아니메가 영화 상영의 한 축을 담당하고 있음을 의미한다. 아울러 지브리 주요 작품들과 '너의 이름은'과 같은 초대형 히트작들이 '일본 아카데미 어워드(Japan Academy Award)' 등 각종 작품상과 연출 및 감독상을 받았다는 점도 아니메가 이미 주류문화의 반열에 올랐다는 증거이다.

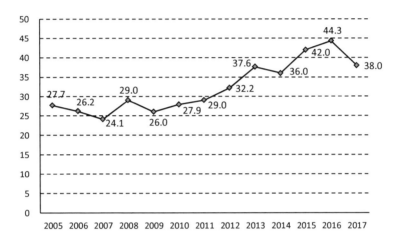

출처: 일본 애니메이션 협회(AJA), 2018, "Anime Industry Report 2017," p. 4.
　　　일본 애니메이션 협회(AJA), 2019, "Anime Industry Report 2018," p. 5.

(그림 7) 일본 박스 오피스 기준 영화 상영 매출총액에서 아니메의 비중 추이(%)

한편 또 다른 '하위문화'로 여겨지는 만화와 라이트 노벨(Light Novel), 게임의 경우, 아마추어 동호인들 모임(서클)이 자발적으로 발간하는 잡지(동인지, 同人誌; Doujinshi)의 전시 및 교류회, 즉 '코믹 마켓(Comic Market, 일명 코미케)'이 1년에 두 번(8월, 12월) 정기적으로 열리는 점에 주목할 필요가 있다. 코믹 마켓은 도쿄 '빅 사이트(Big Sight)'에서 1년에 두 번씩, 매번 3~4일 동안 열리는데 연간 약 110만 명의 참가자들을 동원하는 일본 최대의 국제 이벤트로 자리 잡았다. 이는 만화, 라이트 노벨, 게임과 밀접한 관계가 있는 아니메를 더 이상 하위문화로 보기 어려운 이유라고 할 수 있다.

종합하면 2012년 이후 다시 시작된 '제4차 아니메 붐'에서 주요 특징들은 아니메 산업 패러다임(paradigm) 변화라는 측면에서 다룰 수 있다. 산업 패러다임 변화의 3대 징후는 심야 아니메의 TV 방영 시간이 주간 아니메 방영 시간을 초과한 것, 단순히 '보는 것'에서 직접 '즐기고 체험하는 것'으로 아니메에 대한 인식이 바뀐 것 및 아니메가 하위문화에서 벗어나 주류문화의 하나로 인식되고 있는 점을 포함한다. 이러한 세 가지 변화 신호들은 결과적으로 시장 세분화와 아니메 스튜디오의 다양성, 아니메 체험 공간의 확대와 발전, 코믹 마켓의 지속성으로 나타나고 있다(그림 8). 우선 아니메 스튜디오들은 성인 시청자들을 주요 타깃으로 다양한 주제와 독특한 이야기들을 발굴하면서 아니메 시장의 세분화를 촉진하고 있다. 이는 아니메 제작과 긴밀한 관련이 있는 만화책, 라이트 노벨 출판과 게임기 제작의 다양성 및 시장 세분화에도 영향을 미치고 있다.

두 번째로 도쿄를 중심으로 아니메 체험 공간이 꾸준히 확대, 발전하고 있는데, 특히 아키하바라(Akihabara), 이케부쿠로(Ikebukuro), 나카노(Nakano) 브로드웨이 등 세 곳에 주목할 필요가 있다. 이들 세 곳에 있는 점포들은 아니메와 만화책 관련 상품들의 전시와 판매, 중고품 거래 및 각종 공연과 카페 등 다양한 볼거리와 즐길 거리, 흥미로운 체험 기회를 제공하고 있다. 세 번째로 코믹 마켓은 1975년 첫 행사 이후 2019년까지 한 해도 거르지 않고 매년 2~3회씩 열렸으며, 어느덧 일반인들이 주도하는 일본 최대 국제 행사로 성장하였다. 비록 코믹 마켓은 만화책과 아니메, 라이트 노벨 등 소위 하위문화 동인회가 주축이 된 전시, 교류회이지만 자유와 평등을 지향하는 '오픈 마켓(open market)' 속성은 일본 주류문화의 하나가 되었다고 할 수 있다. 다음 제3~5장에서는 산업 패러다임 변화의 결과들을 좀 더 상세하게 살펴본다.

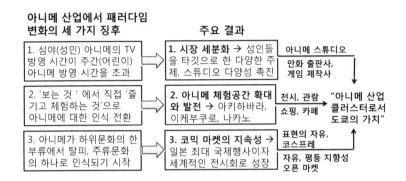

출처: 저자 작성

(그림 8) 아니메 산업 패러다임 변화의 세 가지 징후와 주요 결과

3장

아니메 스튜디오 다양성: 아니메 유전자를 형성한 3대 제작사

ANIME & COMICKET

아니메 스튜디오들은 정말로 흥미롭고 신기한 유전자 구조로 되어 있다. 여기서 말하는 유전자는 생물학적으로 언급되는 유전자가 아니라, 이전 세대의 기술이나 사상, 정신 등이 다음 세대에게 직간접적으로 전달된다는 뜻이다. 아니메 스튜디오 업계에도 그러한 초기 유전자를 형성했던 제작사들이 존재한다. 그렇다면 어떤 제작사들이 초기 유전자를 만들었다고 할 수 있을까? 한국에서 잘 알려진 아니메 제작사는 아무래도 '스튜디오 지브리'일 것이다. '이웃집 토토로', '센과 치히로의 행방불명' 등 수많은 명작을 만들었기에, 스튜디오 지브리는 일반인들에게 매우 친숙한 이름이다. 다만 스튜디오 지브리가 초기 유전자를 형성했던 제작사라고 말하기는 어렵다. 오히려 아니메 역사상 초기 유전자를 형성했던 3대 제작사는 '토에이 애니메이션(東映アニメーション)', '타츠노코 프로(タツノコプロ)'와 '무시 프로덕션(虫プロダクション)'이라고 할 수 있다. 이들 3대 제작사는 아니메의 역사를 언급하는 데 있어서 빼놓을 수 없는 존재이며, 지금과 같은 '스튜디오 다양성'의 모태가 되었던 회사들이다.

토에이 애니메이션(Toei Animation: 東映アニメーション)

TOEI ANIMATION
Since 1956

(토에이 애니메이션 로고)

토에이는 분명 아니메 업계 최초 유전자 중 하나라고 할 수 있다. 토에이는 한국의 CJ 엔터테인먼트, 롯데 엔터테인먼트, 쇼박스, NEW와 같은 대기업 계열 영화 배급사와 비슷하다. 일본에는 3대 영화 배급사가 있는데, TOHO(東宝), 쇼치쿠(松竹), 토에이(東映)가 바로 그것이다. 토에이는 이들 3대 배급사 중 가장 먼저 설립된 회사이며, 그 산하에 있는 토에이 애니메이션은 일본 애니메이션 업계의 '넘버 원(Number One)'이다.

대표작으로는 '드래곤 볼 시리즈', '원피스', '디지몬 시리즈', '세일러 문 시리즈', '마징가 Z', '은하철도 999', '유희왕 1기', '슬램덩크', '세인트 세이야', '닥터 슬럼프', '소년 탐정 김전일', '프리큐어 시리즈' 등이 있다. 1948년 설립 당시 이름은 토에이가 아니라 '일본 동화 주식회사'였다. 설립 초기부터 '동양의 월트 디즈니'를 표방

(좌측 그림: '드래곤 볼 슈퍼: 브로리' 캡처 화면 /
우측 그림: '원피스 STAMPEDE' 예고편 캡처 화면)

(좌측 그림: '디지몬 어드벤처: Last Evolution Kizuna' 예고편 캡처 화면 /
우측 그림: '세인트 세이야 Knights of the Zodiac' 캡처 화면)

(좌측 그림: '미소녀 전사 세일러문 크리스털' 캡처 화면 /
우측 그림: '백사전' 캡처 화면)

하면서 장편 애니메이션 제작에 집중하였고 그 결과 일본 최초의 장
편 애니메이션 '백사전'을 만들게 되었다.

토에이의 '백사전'은 디즈니와 같은 풀(Full) 애니메이션(1초에 24
장을 전부 그리는 방식)으로 그려졌으며, 당시 토에이 사장이 직접
예고편에 출현하여 애니메이션 제작 현장을 영상으로 보여주며 최

초의 컬러 장편 애니메이션을 자랑했다는 이야기로도 유명하다. 아울러 이 작품 때문에 스튜디오 지브리의 미야자키 하야오 감독이 존재한다는 사실도 다소 놀랍다. 고등학생이었던 미야자키 하야오가 '백사전'을 보고 충격을 받아, 애니메이션 업계로 뛰어들게 되는 계기가 되었다는 것은 익히 잘 알려진 이야기이다. 토에이 애니메이션의 특징을 설명하자면, '주간 소년 점프'의 작품들을 애니메이션화하는 경우가 많다는 점과 과거 작품의 리메이크(Remake)를 제작하여 시청자들에게 재차 기쁨을 준다는 점이다. 또한, '저예산 & 장기전(장편 시리즈 제작)' 전략도 중요한 특징인데, 이를 위해서 필리핀에 스튜디오를 세웠다. '저예산 & 장기전' 전략을 적극적으로 활용하고 있는 작품이 바로 '원피스'이며, 이 때문에 '피에로'의 '나루토'와 작화 품질 차이가 크게 난다. 원피스는 어린이들을 주요 타깃(Target)으로 하므로 작화가 다소 좋지 않더라도 별문제가 되지 않는다. 이러한 전략은 토에이와 다른 유전자를 형성했던 '무시 프로덕션'에도 큰 영향을 주었다. 1950~1960년대는 일본 애니메이션 제작 기술이 지금과 같이 발달하지 않았기 때문에, 토에이의 제작 방식은 다른 제작사들에 자연스럽게 전파되었다. 토에이의 유전자를 직접 물려받았다고 볼 수 있는 제작사들은 신에이 동화와 동화공방, 할 필름 메이커, 유메타 컴퍼니이다.

1) 신에이 동화(SHIN-EI Animation: シンエイ動画)

(신에이 동화 로고)

신에이 동화는 한국에서 잘 알려진 제작사가 아니지만, 신에이가 만든 '도라에몽' 시리즈나 '짱구는 못 말려'를 한 번도 못 봤다고 말하는 사람은 거의 없을 것이다. 원래 ACE(에이스)의 앞 글자를 따온 'A 프로덕션'이었는데, 새 출발을 한다는 의도였는지 새로운 A 프로덕션, 즉 '新(새로울 신) + A(알파벳 에이) 동화'로 사명을 변경하였다. 신에이는 1965년 '도쿄 무비' 사장 '후지오카 유타카'와 토에이에서 독립한 '쿠스베 다이키치로' 및 4명의 다른 동료들에 의해 설립되었다. 설립 초기 기획과 영업을 도쿄 무비가 감당하고 쿠스베와 동료들은 오로지 제작에만 전념하였다. 그 후 토에이가 장편 애니메이션보다는 TV 애니메이션 제작으로 방향을 전환하였고, 토에이의 장편 애니메이션 제작진 상당수가 A 프로덕션으로 이직하면서 장편 애니메이션 유전자들이 자연스럽게 A 프로덕션으로 이식된 것이다.

(좌측 그림: '짱구는 못 말려 신혼여행 허리케인 ~잃어버린 히로시~' 예고편 캡처 화면 / 우측 그림: '도라에몽 진구의 달 탐사기' 예고편 캡처 화면)

1976년 A 프로덕션은 경영 위기를 극복하기 위해, 신에이 동화로 사명을 바꾸면서 기획과 제작을 병행하는 시스템을 도입하였고, 아동용 시리즈 제작에 집중하여 '도라에몽', '짱구는 못 말려' 등 히트작 출시에 성공하였다.

그 이후, '정글은 언제나 맑은 뒤 흐림', '아따맘마', '옆자리 세키군', '장난을 잘 치는 타카기 양' 시리즈를 제작하면서 최근에는 10대 청소년들까지 주요 타깃으로 삼고 있다.

(좌측 그림: '옆자리 세키 군' 캡처 화면 /
우측 그림: '장난을 잘 치는 타카기 양' 캡처 화면)

2) 동화공방(Doga Kobo: 動画工房)

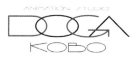

(동화공방 로고)

토에이 유전자를 받은 제작사 중에서
주목할 만한 세 곳은 '동화공방', '할 필
름 메이커(HAL FILM MAKER)', '유
메타 컴퍼니'이다. 이 중 동화공방은 애
니메이션 제작에 대한 자신들만의 주관이 가장 뚜렷하며 그것을 지켜나
가려는 의지도 강했다.

동화공방의 대표작은 '유루유리', 'NEW GAME!', '건어물 여동생!
우마루짱' 등이다. 토에이에서 이탈한 '후루카와 히데오'와 '이시구로
메구무'가 1973년 동화공방을 설립하였으나 2006년 동화공방은 주식

(좌측 그림: '유루유리' 캡처 화면 /
우측 그림: '건어물 여동생! 우마루짱' 캡처 화면)

회사로 등기를 변경하다가 TV CM 기업, 'TKO 그룹'에 인수되었다. 그와 비슷한 시기에 할 필름 메이커와 유메타 컴퍼니도 TKO 그룹 산하로 인수되었다. 그 후 동화공방은 독립을 위해 꾸준히 노력하였고, 결국 2009년 애니메이션 제작과 경영 방식의 차이를 내세우며 TKO 그룹에서 이탈하게 되었다.

출처: 저자 작성

(그림 9) 토에이 애니메이션 유전자 조감도

결국, 토에이는 일본에서 장편 애니메이션을 처음으로 제작한 회사로서, 그 경험을 공유했던 많은 인력이 창업과 이직을 반복하면서, 디즈니처럼 어린이에게 꿈과 희망을 가져다주는 애니메이션 제작이라는 유전자를 널리 전파하게 되었다(그림 9). 아울러 애니메이션 제작의 기초를 탄탄히 다듬어준 제작 방식이나 제작 정신은 지금 세대에게도 고스란히 전달되고 있다.

02

무시 프로덕션(Mushi Production:

虫プロダクション)

PRODUCTION

(무시 프로덕션 로고)

1961년 설립된 무시 프로덕션은 토에이와 경쟁하면서 일본 특유의 애니메이션, 즉 아니메 유전자를 창조한 제작사라고 할 수 있다. 일본어로 '무시(虫)'는 벌레라는 뜻인데 단순히 회사 설립자이자 만화가였던 테즈카 오사무(手塚治虫)의 마지막 글자가 '虫'였기 때문에, 회사명이 무시 프로덕션으로 되었다. 무시 프로덕션은 1960년대 일본 애니메이션 업계에서 매우 파격적인 시도를 선보였는데, 그것은 바로 일본 최초로 30분짜리 TV 애니메이션을 만든 것이다.

그 작품이 '우주 소년 아톰'이며, 이때부터 TV 애니메이션 시대가 열렸다고 할 수 있다. 그런데 매주 방영되는 TV 애니메이션을 꾸준히 제작하기 위해서는 디즈니나 토에이 제작 방식을 그대로 따를 순 없었다. 이 말은 즉, 1초에 24장의 그림을 사용하는 '풀 애니메이션(Full Animation)' 방식으로 TV 애니메이션을 제작하면 제작 시간이 너무 촉박하고 제작비 또한 크게 상승하기 때문에, 무시 프로덕션은

1초에 12장, 또는 8장의 그림만 사용하는 '리미티드 애니메이션 (Limited Animation)' 방식을 사용하였다는 이야기이다. 좀 더 구체적으로 설명하면, 애니메이션 제작에서 24프레임이란 1초에 24장의 그림을 사용하는 것인데, 여기서 그림 1장을 한 칸이라는 이미지로 전환하면, 한 칸이 1코마가 된다. 결국, 1초 동안 24코마가 필요하게 되는데, 만약 2코마를 1세트로 묶어서 1초를 계산한다면 12코마(종이 12장)가 필요하고, 3코마를 1세트로 묶으면 8코마(종이 8장)가 필요하게 된다. 일본에서는 이를 각각 '2코마 치기(2コマ打ち)', '3코마 치기(3コマ打ち)'라고 부른다. 그런데 풀 코마(1장 1세트), 2코마 치기(2장 1세트), 3코마 치기(3장 1세트)를 상황에 맞게 적절히 나눠 쓰게 되면, 오히려 캐릭터 동작의 강약 조절이 가능해진다.

(좌측 그림: '우주 소년 아톰' 캡처 화면 /
우측 그림: '밀림의 왕자 레오' 캡처 화면)

예를 들어, 캐릭터의 동작이 초반에 약간 느리게 보였다가 어느 순간, 눈 깜짝할 사이에 그 동작의 하이라이트로 이동하면, 예상보다 빠른 움직임을 구현할 수 있기 때문이다. 시청자들은 일정한 속도로만 움직이는 것에 지루함을 느낄 수 있지만, 매번 속도가 바뀌는 움직임에 오히려 자극을 받아 지루함에서 벗어날 수 있다. 무시 프로덕션은 스토리 전개 상황에 따라 풀 코마, 2코마 치기, 3코마 치기를 적절히 조합하는 방식을 일본 최초로 실현하였고, 이를 통해 일본 특유의 아니메 유전자를 형성할 수 있었다. 더 나아가 무시 프로덕션은 캐릭터의 심리를 그림으로 표현하거나 성인용 작품, 비상업적 예술 작품 등 진취적이고 혁신적인 제작 기법들을 도입하였다. 무시 프로덕션은 대졸자만 연출가(조감독)가 될 수 있다는 조건을 없애고, 학력에 상관없이 훌륭한 아이디어나 재능이 있는 사람이라면 누구든지 아니메 제작에 도전할 기회를 제공하여 다양한 인재들을 발굴하는 데 성공하였다. 그러나 1960년대 말부터 만화 원작 소재가 고갈되고, 창업자인 데즈카 오사무에게 크게 의존하는 제작 방식에 대한 불만 및 신규 제작사들과 경쟁 심화 등으로 경영난에 빠지게 되었다. 이에 데즈카 오사무는 사내 전체 회의에서 작품성과 예술성을 중시할지, 아니면 상업성을 우선으로 추구할지를 논의하였는데, 대다수 직원이 상업성을 선택함에 따라, 1971년 테즈카는 무시 프로덕션 사장직을 내려놓게 된다. 그 후 무시 프로덕션은 상업적인 작품들의 잇따른 흥행 실패와 자회사의 파산 영향으로 결국 1973년 파산하였다. 그러나 뿔뿔이 흩어졌던 직원들은 무시 프로덕션 유전자를 널리 전파하며 일본 애니메이션의 특색과 다양성 촉진에 기여하게 된다.

1) 신(新) 무시 프로(新虫プロ)

무시 프로덕션이 파산한 이후, 노조 멤버들이 주축이 되어 1997년 '신(新) 무시 프로'를 설립하였고 다행히 무시 프로덕션이 제작했던 모든 작품의 저작권을 다시 획득하였다. '신(新) 무시 프로'는 히트작은 별로 없지만, 가족용 애니메이션과 예술성 위주의 작품들을 제작하면서 테즈카 오사무의 초기 창업 정신을 지켜 나가는 데 역점을 두고 있다.

('NAGASAKI 1945 · ANGELUS BELL' 캡처 화면)

2) 매드하우스(MADHOUSE) / 마파(MAPPA)

무시 프로덕션이 파산하기 1년 전, 1972
년 무시 프로덕션의 프로듀서 '마루야마
마사오'와 '데자키 오사무' 감독은 회사
의 경영 위기를 간파하고 퇴사 후, '매드

(매드하우스 로고)

하우스(MADHOUSE)'를 설립하였다. 사실 매드하우스라는 사명은 설립
자 두 명의 영문 이름, Maruyama And Dezaki의 이니셜을 따서 만든 것이
다. 설립 이후 매드하우스는 높은 품질의 좋은 작품들을 꾸준히 출시하
였는데, 문학과 철학 및 다소 심오하고 이해하기 어려운 내용도 많이 다
루었다. 특히 천재 감독이라고 불렸던 '콘 사토시' 작품들도 매드하우스
에서 제작되었다. 매드하우스는 2000년대 중반 경영 위기에 빠져, 파산
직전까지 몰렸고 결국 2011년 니혼 TV 자회사로 편입되었다. 그 후 니혼
TV 제작 방침을 따르면서 TV 아니메 위주로 상업성을 추구하게 되었다.

(좌측 그림: '카드캡터 체리' 캡처 화면 /
우측 그림: '더 파이팅' 캡처 화면)

(좌측 그림: '기생수 세이의 격률' 캡처 화면 /
우측 그림: '원펀맨 1기' 캡처 화면)

(좌측 그림: '역경무뢰 카이지' 캡처 화면 / 우측 그림: '퍼펙트 블루' 캡처 화면)

대표작으로는 '퍼펙트 블루', '카드캡터 체리', '트라이건', '더 파이팅', '부기팝은 웃지 않는다', '사쿠라 대전', '건그레이브', '고쿠센', '몬스터', '데스노트', '블랙 라군', '카이지 시리즈', '기생수 세이의 격률', '원펀맨 1기'가 있다.

2011년 매드하우스를 퇴직한 마루 야마 사장은 나이 70세에 다시 'MAP PA(Maruyama Animation Produce Pr

oject Association)'를 설립하였다. 이 회사는 크라우드 펀딩으로 제작한 극장판 애니메이션 '이 세상의 한쪽 구석에'가 예상을 뛰어넘는 흥행 실적을 거두었으며, 아울러 2017년 제작한 TV 애니메이션 'GARO VANISHING LINE'은 한국인 '박성후' 감독이 담당하는 등 제작 인력의 다양성 추구 및 새로운 도전을 시도하고 있다.

(좌측 그림: 'GARO VANISHING LINE' 캡처 화면 /
우측 그림: '이 세상의 한쪽 구석에' 캡처 화면)

(좌측 그림: '언덕길의 아폴론' 캡처 화면 /
우측 그림: '유리!!! On ICE' 캡처 화면)

MAPPA 대표작으로는 '언덕길의 아폴론', '신격의 바하무트 시리즈', 'GARO 시리즈', '유리!!! On ICE', '이 세상의 한구석에', '이누

야시키', '카케구루이', '바나나 피쉬', '좀비 랜드 사가' 등이 있다.

3) 샤프트(SHAFT)

SHAFT
ANIMATION STUDIO
(샤프트 로고)

무시 프로덕션 출신 와카오 히로시는 1975년 채색 전문 스튜디오 '샤프트'를 설립하였다. 같은 해에 탄생한 '스튜디오 딘'과 함께 선라이즈 작품들의 채색을 담당하였으나, 1980년대부터 채색 담당에서 벗어나 독자적인 제작사로 성장하였다. 특히 '신보 아키유키' 감독을 영입한 이후, 신보 감독의 연출력이 돋보이는 '샤프트 각도'가 탄생하였고 '바케 모노가타리'와 '마법 소녀 마도카 마기카' 등 히트작들이 출시되었다. 그 밖의 주요 작품으로 '꾸러기 수비대', '바케 모노가타리 시리즈', '안녕 절망 선생', '마법 소녀 마도카☆마기카', '니세코이', '3월의 라이온' 등이 있다.

(좌측 그림: '바케 모노가타리' 캡처 화면 /
우측 그림: '마법 소녀 마도카☆마기카' 캡처 화면)

4) 교토 애니메이션(Kyoto Animation)

교토 애니메이션은 '쿄애니'라고 불
리며 전 세계 애니메이션 시청자들에게
큰 사랑을 받는 제작사 중 하나이다. 쿄

✤Kyoto Animation

(교토 애니메이션 로고)

애니 작품들은 작화가 대체로 깨끗하고 선명하며, 작화 붕괴 현상이
다른 제작사들보다 상대적으로 적게 나타난다. 무시 프로덕션에서 채
색을 담당했던 '핫타 요우코'는 1985년 샤프트와 마찬가지로 타츠노
코 프로와 다른 제작사들을 상대로 채색 전문 스튜디오를 표방하며
쿄애니를 설립하였다. 1990년대 들어 쿄애니는 무시 프로덕션처럼
작품 제작 공정들을 사내에 모두 갖추는 시스템, 즉 수직적 통합을
시도하였다. 그런데 그 당시 애니메이션 업계에서 그러한 수직적 통
합은 크리에이터 정사원 제도와 더불어 제작비 증가의 가장 큰 원인
으로 간주되었다. 하지만 애니메이션 업계의 우려에도 불구하고 쿄애
니는 제작 공정의 수직적 통합과 크리에이터 정사원 제도를 과감하
게 도입하였고, 결과적으로 다른 제작사들보다 더욱 안정된 작화와
연출력이 돋보이는 수준 높은 작품들을 출시할 수 있었다. 그 당시
업계 관행처럼 작화, 채색, 촬영, 편집 등 제작 공장의 일부분, 또는

(좌측 그림: 'Air' 캡처 화면 /
우측 그림: 'CLANNAD After Story' 캡처 화면)

(좌측 그림: '목소리의 형태' 캡처 화면 /
우측 그림: '바이올렛 에버 가든' 캡처 화면)

상당 부분을 아웃소싱(outsourcing)했던 다른 제작사들과 달리, 쿄애니는 전체 공정의 내부화를 통해 사내 커뮤니케이션의 일관성 등 상대적 우위 요인들을 발굴한 셈이다. 더 나아가 쿄애니는 출판 사업과 캐릭터 상품화, 직영 점포 운영 등 각종 마케팅 활동도 직접 수행하였다.

　이러한 특징들을 가지고 있는 쿄애니의 대표작으로는 'AIR', '스즈미야 하루히의 우울', '러키☆스타', '클라나드', '케이온', '중2병이라도 사랑이 하고 싶어!', 'Free!', '목소리의 형태', '바이올렛 에버 가든' 등이 있으며, 주로 학원물이나 학교 동아리 활동 내용의 작품들을 제작한다는 특징을 가지고 있다.

5) 선라이즈(SUNRISE) / BNP / 스튜디오 딘(Studio DEEN) / 본즈(Bones)

(선라이즈 로고)

기동전사 건담으로 유명한 선라이즈 스튜디오는 1972년 무시 프로덕션의 제작부와 영업부 소속 7명의 멤버들을 주축으로 설립되었다. 설립 초기 선라이즈는 무시 프로덕션의 음향을 담당했던 '도호쿠 신사(東北新社)'와 자

(좌측 그림: '기동전사 건담' 캡처 화면 /
우측 그림: '기동전사 건담 The Origin' 캡처 화면)

본 제휴 관계를 맺었고 공동 출자를 통해 '창영사'라는 합자 기업을
설립, 신작 기획과 마케팅을 맡겼다. 이는 선라이즈가 작품 제작에만
집중하게 되는 일종의 분업 구조였다. 그러나 1976년 선라이즈는 도
호쿠 신사와 제휴 관계를 종료하고 독자적인 제작사로 거듭났다. 그
리고 스튜디오 경영과 애니메이션 제작을 완전히 분리하여, 크리에이
터들은 작품 제작에만 집중하고, 경영은 전문 경영인에게 맡기게 되
었다. 그 결과, 선라이즈는 예술성이나 작품성보다는 상업성을 우선시
하게 되고, 비용 절감과 판권 수입을 철저히 따지면서 가장 효율적인
제작 방식을 추구하게 되었다. 이러한 방식은 애니메이션 출시 후 캐
릭터 상품화, 이벤트 개최 등 다양한 마케팅을 통한 수익 창출이 용이
한 작품을 만들겠다는 제작 방침으로 확립되었다.

한편 선라이즈의 전설적 감독이었던 '토미노 요키유키'는 1979년
'기동전사 건담'을 제작하였고, 이를 계기로 일본 전역에서 리얼 로봇
(가공 로봇이지만 현실성도 중시하는 로봇) 붐이 일어났다. 건담이 나
오기 전까진 슈퍼 로봇(마징가 Z처럼 가공 로봇이면서 슈퍼 히어로
유형의 로봇)이 대세였지만, 건담 출시 이후 리얼 로봇의 인기가 급상
승한 것이다. 이를 계기로 선라이즈는 로봇물의 대표 브랜드로 자리
잡게 되었고, 프라모델 제작사, 반다이 남코 그룹과 긴밀히 협력하면

서 건담 프라모델 사업을 꾸준히 확대하였다. 사실 토미노 감독은 신규 프라모델 판매를 위한 건담 시리즈 제작에 완강히 반대하였지만, 1994년 반다이 남코 그룹은 선라이즈를 인수함으로써 건담 시리즈 제작과 프라모델 사업을 지속해서 추진하였다. 결과적으로 선라이즈는 전체 작품의 70% 이상을 오리지널 작품으로 제작하였고 리얼 로봇물의 대표 브랜드로 자리매김하였으며 반다이 남코는 건담 프라모델 사업으로 큰 성공을 거두게 되었다.

(좌측 그림: '천공의 에스카플로네' 캡처 화면 /
우측 그림: '코드기어스 반역의 를르슈 R2' 캡처 화면)

(좌측 그림: '러브 라이브 선샤인 Over the rainbow' 캡처 화면 /
우측 그림: '시티헌터 신주쿠 프라이빗 아이즈' 예고편 캡처 화면)

메카닉물 이외에도 다양한 장르를 제작하고 있는 선라이즈는 꾸준히 성장하여 2019년 현재 1개의 3D CG 스튜디오를 포함, 10여 개 스튜디오를 거느리게 되었다. 2019년 선라이즈의 기업 이념이 '0

에서 1을 창조해 낸다(ゼロからイチを生み出す)'인데, 이는 러브 라이
브 팬들에겐 매우 익숙한 말이다.

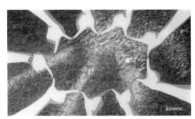

(양쪽 두 그림: '러브 라이브 선샤인' 캡처 화면)

'러브 라이브 선샤인' 주인공 '치카'
가 멤버들과 함께 "0에서 1로, 1에서 10
으로, 10에서 100으로!"라고 외치는 유
명한 대사가 기업 이념과 이어지기 때

(BNP 로고)

문이다. 결국, 선라이즈는 애니메이션 제작으로 0(무)에서 1(유)을
만들고, 반다이 남코를 통해서 그 1을 100으로 늘리겠다는 전략을
추진하고 있는 셈이다. 이러한 선라이즈 유전자 확산으로 새롭게 탄
생한 제작사들은 다음과 같다.

우선 반다이 남코 픽처스(BANDAI NAMCO PICTURES; BN Pictures
또는 BNP)는 선라이즈 자회사로서 2015년 설립되었다. 선라이즈가 청
소년과 성인용 애니메이션 제작에 집중하고, BNP는 어린이와 가족용
애니메이션 제작을 맡는 분업 구조를 위해 설립된 것이다.

BNP는 선라이즈 3D CG 스튜디오 'Digital Creation Studio'와
긴밀히 협력하면서 '아이카츠' 시리즈나 '배틀 스피리츠 사가 브레
이브', '파이트 리그' 등 3D CG 작품들을 제작함과 동시에 '은혼'과
같은 2D 작화 작품에도 신경을 쓰고 있다. 사실 BNP 뒤에는 선라
이즈라는 큰 나무가 받쳐주고 있고, 그 위에는 반다이 남코 그룹이

라는 거대한 숲이 BNP를 보호해주고 있다고 할 수 있다.

(좌측 그림: '아이카츠 프렌즈' 캡처 화면 /
우측 그림: '배틀 스피리츠 Saga Brave' 캡처 화면)

(스튜디오 딘 로고)

한편 채색 전문 스튜디오에서 출발하여 독자 제작 스튜디오로 성장한 '스튜디오 딘(Studio DEEN)'은 선라이즈에서 채색 검사를 담당하던 '하세가와 히로시'가 1975년 설립하였다.

(좌측 그림: '쓰르라미 울 적에' 캡처 화면 /
우측 그림: '사카모토입니다만?' 캡처 화면)

대표 작품으로는 '우루세이 야츠라', '란마 1/2', '천공 전사 젠키', '헌터 X 헌터', '바람의 검심 추억 편/성상 편', '겟 백커스', '쓰르라미 울 적에', 'Fate/stay night(2006)', '이 아름다운 세계에

축복을!' 등이 있다. 또한 '사카모토입니다만?'과 같은 개그 작품도 큰 인기를 얻으며, 대체로 평판이 좋은 작품들이 많다. 짧은 기간 내에 다작(多作)에 능숙하다고 알려져 있으며, 작곡가 및 성우 쪽과도 좋은 관계를 맺고 있어서, 판매 실적이 좋은 OST와 캐릭터 송(song)들도 많다.

'본즈(Bones)' 스튜디오는 선라이즈의 제2 스튜디오 프로듀서였던 '미나미 마사히코'가 1998년 선라이즈 제작진들을 데리고 나와 설립한 회사이다.

‹ bones

(본즈 로고)

본즈(Bones)로 사명을 정한 것은 영어 뜻처럼 '뼈대 있는 애니메이션'을 만들겠다는 의지 때문이라고 한다. 오리지널 건담 시리즈를 제작했던 선라이즈와 같이 본즈도 오리지널 애니메이션들이 타 회사들보다 상대적으로 많다.

(좌측 그림: '강철의 연금술사 FULL METAL ALCHEMIST' 캡처 화면 / 우측 그림: '나의 히어로 아카데미아' 캡처 화면)

본즈의 대표작으로는 '울프스 레인', '강철의 연금술사', '소울 이터', 'Star Driver 빛의 타쿠토', '절원의 템페스트', '노라가미', '혈계전선', '나의 히어로 아카데미아', '모브사이코 100' 등이 있다. 이들 대부분은 애니메이션 팬뿐만 아니라 일반인들에게도 잘 알려진 걸작들이다. 본즈의 특징에서 가장 많이 언급되는 별칭이 '액션 본좌' 또는 '액션 명가'일 정도로 본즈는 최고의 액션 장면을 연출해내는 스튜디오라고 할 수 있다. 또한, 본즈가 라이트 노벨 원작보다는 만화책 원작 및 오리지널 애니메이션을 좀 더 많이 제작하는 점도 중요한 특징이다. 그 밖에도 본즈는 원작의 이야기와 분위기를 최대한 살린다는 특징을 가지고 있어, 원작을 잘 아는 시청자들은 원작에서 느꼈던 감동을 애니메이션에서 고스란히 다시 느낄 기회를 갖게 된다. 한편, 본즈는 2018년 넷플릭스(NETFLIX)와 포괄적 업무 제휴를 맺었으며, 이를 계기로 본즈는 넷플릭스로부터 제작비를 전액 지원받고, 넷플릭스는 그렇게 제작된 작품을 독점적으로 자사 플랫폼에 올릴 수 있게 되었다. 기존의 제작위원회를 통한 애니메이션 제작 방식이 넷플릭스의 등장으로 송두리째 흔들릴 수 있는 상황을 맞이한 것이다.

사실 본즈뿐만 아니라 넷플릭스는 일본 애니메이션 업계에서 방영권 이외 작품 관련 모든 권리를 제작사에 넘겨주며 많은 제작비를 지원하는 데 반해, 납기일 준수와 최종 품질만 보장된다면 제작 과정에 거의 관여하지 않는 모습을 보인다. 이는 제작사 관점에서 볼 때, 기존 제작위원회를 통한 제작 방식, 즉 투자자 모집과 제작비 조달 및 수익과 리스크 분담 구조를 근본적으로 바꿀 좋은 기회이다. 다만 넷플릭스와 계약한 제작 마감일까지 작품의 모든 에피소드를 빠짐없이 납품해야 하고, 차후 제작 일정 조정이나 연장이 매우 어려운 점은 제작사들에 새로운 부담 요인이다. 무엇보다도 넷플릭스 방영 후 지적 재산권을 활용한 마케팅이나 부가 수입 창출 경험이 거의 없는 제작사들이 많은 점도 제작사들이 선뜻 넷플릭스와 계약에 나설 수 없는 요인이다. 본즈의 경우, 부가 수익 창출 경험에서 다른 제작사들보다 상대적으로 앞서 있으며, 넷플릭스와 포괄적인 업무 제휴는 앞으로 '윈-윈(win-win)' 관계로 발전할 가능성이 크다고 하겠다.

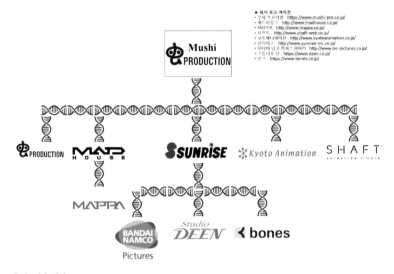

★ 회사 로고 저작권
· 무시 프로덕션 https://www.mushi-pro.co.jp/
· 매드하우스 http://www.madhouse.co.jp/
· MAPPA http://www.mappa.co.jp/
· 샤프트 http://www.shaft-web.co.jp/
· 교토애니메이션 http://www.kyotoanimation.co.jp/
· 선라이즈 http://www.sunrise-inc.co.jp/
· 반다이 남코 픽처스 (BNP) http://www.bn-pictures.co.jp/
· 스튜디오 딘 https://www.deen.co.jp/
· 본즈 https://www.bones.co.jp/

출처: 저자 작성

(그림 10) 무시 프로덕션 유전자 조감도

무시 프로덕션은 일본 특유의 애니메이션, 즉 '아니메'의 특징, 초기 유전자를 형성하였고 그것들이 널리 퍼질 수 있는 계기를 만든 제작사이다. 매드하우스나 교토 애니메이션, 샤프트, 선라이즈, 본즈 등 이름만 들어도 알 만한 일본의 대표 스튜디오들 상당수가 무시 프로덕션의 직·간접적인 영향권에 있기 때문이다(그림 10). 이는 일본의 디즈니를 표방하면서 어린이들에게 꿈과 희망을 주는 애니메이션 제작이라는 유전자를 전파했던 토에이와 분명히 다른 유형의 유전자라고 할 수 있다.

03

타츠노코 프로(Tatsunoko Pro: タツノコプロ)

(타츠노코 프로 로고)

토에이, 무시 프로덕션과 함께 일본 애니메이션의 3대 유전자를 형성했던 제작사는 바로 '타츠노코 프로(タツノコプロ)'이다. 1962년 설립된 타츠노코가 일본 애니메이션 업계에 미친 영향력은 토에이나 무시 프로덕션보다 상대적으로 작다고 할 수 있다. 그러나 타츠노코의 영향을 받은 스튜디오들의 활약상은 결코 과소평가할 수 없다.

(좌측 그림: '독수리 오 형제' 캡처 화면 /
우측 그림: '밤의 얏타맨(한국 방영 제목: 이겨라 승리호 Night)' 캡처 화면)

1) 피에로(Pierrot: ぴえろ) / 세븐 아크스(Seven Arcs)

타츠노코 프로의 연출가였던 '누노카와 유우지'는 1977년 피에로(참고로 '피에로 플러스'는 다른 제작사임)를 설립하였다. 그는 어렸을 적에 보았던

(피에로 로고)

서커스가 기억에 강렬하게 남아서 사명을 '피에로'라고 지었다고 한다. 피에로는 타츠노코 프로의 실력파 연출가들과 애니메이터들을 대거 영입하였고, 이들이 중심이 되어 제작한 '나루토'와 '블리치'는 업계에서 명작 반열에 올랐다. 특히 피에로가 세계 최초로 제작한 '오리지널 비디오 애니메이션(Original Video Animation; OVA)'은 일본 애니메이션 업계에 큰 영향을 미쳤다. OVA는 TV 방영이나 극장 상영을 목적으로 하는 작품과 달리, 처음부터 DVD나 블루레이 판매를 목적으로 만들어진 작품으로, 결국 피에로가 새로운 장르 및 수익 창출 경로를 개척한 셈이다. 특히 OVA는 TV 애니메이션보다 제작 시간에 여유가 있어 긴 호흡을 가지고 작품의 질을 높일 수 있으며 극장판보다 광고와 마케팅 비용 부담을 줄일 수 있다. 아울러 TV 방송에 엄격하게 적용되는 방송 윤리 문제로부터 비교적 자유로워서 OVA는 성(性)이나 폭력 등 사회적 금기 내용을 다루는 데 있어서 상대적으로 유리하여 실험 제작이나 도전 정신을 발휘하는 데 제격이었다. 따라서 OVA는 저렴한 제작비로 특정 주제를 선호하는 마니아층을 공략하는 데 성공하였고, 다양한 장르의 작품 제작을 더욱 촉진시켰다.

(좌측 그림: '나루토 질풍전' 캡처 화면 /
우측 그림: '도쿄 구울' 캡처 화면)

이러한 피에로의 대표작으로는 '유유백서', '클램프 학원 탐정단', 'GTO', '학교 괴담', '고스트 바둑왕', '나루토', '탐정학원 Q', '블리치', '킹덤', '도쿄 구울', 'DYNAMIC CHORD' 등이 있다.

(세븐 아크스 로고)

한편, 피에로 출신 연출가 '우에무라 슈'는 동료 연출가 3명과 함께 성인용 애니메이션 전문 제작사 '아크 투루스'를 설립했고, 아크 투루스는 2000년 TV 애니메이션 제작을 위해 '세븐 아크스'를 만들었다. 세븐 아크스는 2000년대 마법 소녀물로 큰 인기를 끌었던 '마법 소녀 리리컬 나노하'를 제작하였으며, 그 밖에 주요 작품들도 미소녀가 많이 등장하거나 미소녀 연애 시뮬레이션 게임 및 여성 캐릭터의 노출도가 다소 강한 것들이 많다. 이는 세븐 아크스의 본류 제작사인 피에로와 상반되는 특징이다.

세븐 아크스의 주요 작품은 '나노하 시리즈', '아수라 크라잉', '화이트 앨범', 'DOG DAYS', '은하기동대 마제스틱 프린스' 등이다.

(좌측 그림: 'DOG DAYS' 캡처 화면 /
우측 그림: '마법 소녀 리리컬 나노하 A`S' 캡처 화면)

2) J.C STAFF / 프런트 라인(PRONT LINE) / 실버 링크 (SILVER LINK)

타츠노코 프로의 기획부에서 근무했던 '미야다 토모유키'는 1986년 J.C. STAFF(Japan Creative Staff)를 설립하였다. 타츠노코 프로처럼 J.C. STAFF도 기획, 작화, 채색, 배경 미술, 촬영 등 거의 모든 제작 업무를 사내에서 수행할 수 있는 통합 구조를 갖추었다. 설립 초기 J.C. STAFF는 피에로와 함께 OVA 제작

(J.C. STAFF 로고)

위주로 사업을 진행하였고 2010년대 들어 작품의 질보다는 양으로 승부하는 전략을 구사하기 시작했다. 그 이후 J.C. STAFF는 작화의 중요성이 크게 부각되지 않는 학원물이나 라이트 노벨, 만화책 원작의 가벼운 작품들을 주로 만들었고, 그 결과 애니메이션 업계에서 괜찮은 수준의 작품을 많이 만드는 제작사로 유명해졌다.

주요 작품으로는 '소녀 혁명 우테나', '그 남자! 그 여자!', '러브 인 러브', 'R.O.D 시리즈', '허니와 클로버', '제로의 사역마', '노다

메 칸타빌레', '어떤 마술의 금서목록', '어떤 과학의 초전자포', '바쿠만', '골든 타임', '식극의 소마', '감옥 학원', '원펀맨 2기' 등이 있다. 한편 J.C. STAFF 출신의 프로듀서가 1997년 '프런트 라인(FRONTLINE)'이라는 새로운 제작사를 설립하였다. 프런트 라인은 2001년부터 19금 애니메이션 제작에 집중하고, 베트남 현지 스튜디오 설립 등 다양한 차별화 전략을 추진하였으나 결국 2011년 파산하였다.

(좌측 그림: '노다메 칸타빌레' 캡처 화면 /
우측 그림: '식극의 소마' 캡처 화면)

SILVER LINK.

(실버 링크 로고)

프런트 라인의 제작 본부장이었던 '카네코 하야토'는 독립하여 2007년 '실버 링크(SILVER LINK)'를 설립하였다. 그 후 실버 링크는 인수합병을 통해 꾸준히 회사 규모를 키웠으며, 대체로 평균 이상의 작화 수준을 유지하였으나 대부분의 작품이 일반인들보다 마니아층을 겨냥한 것들이 많다.

대표작은 '바보와 테스트와 소환수', '프리즈마 이리야 시리즈', '농림', '여동생만 있으면 돼', '음란한 아오는 공부를 할 수 없어', '현자의 손자' 등이 있다.

(좌측 그림: '바보와 테스트와 소환수' 캡처 화면 /
우측 그림: 'Fate/Kaleid liner 프리즈마 이리야' 캡처 화면)

3) Production I.G / 지벡(XEBEC) / 위트 스튜디오(WIT STUDIO)

Production I.G의 원래 이름은 'I.G 타츠노코'였으며, 타츠노코 프로의 프로듀서였던 '이시카와 미츠히사'가 '고토 타카유키'와 함께 1987년 설립한 제작사이다. 사명에서 I.G는 설립자 두

(Production I.G 로고)

명 이름, 이시카와의 'I'와 고토의 'G'를 따온 것이다. 설립 당시 타츠노코 프로와 교토 애니메이션의 투자를 받았고, 그 후 두 제작사의 하청 작업을 주로 하였으나, 독자 제작을 꾸준히 늘려가면서 1993년 'Production I.G'로 사명을 변경하였다. Production I.G는 1995년 일본 애니메이션 역대 화제작 중 하나인 'Ghost in the Shell 공각기동대'를 제작하였다. 공각기동대는 영화 '매트릭스'의 원형이 되었으며, 수많은 사이버 펑크 영화에도 큰 영향을 주었다. 공각기동대를 비롯한 Production I.G 작품들은 첨단 기술과 미래사회에 대한 비판, 환경오염, 거대 관료조직에 대한 문제의식을 노골적으로 드러낸 것들이 많은데, 이는 좌익 성향 작품들이 상대적으로 많다는 세간의 지적과

같은 맥락에 있다. 즉 공각기동대를 제작한 '오시이 마모루' 감독은 과거 학생운동에 참여한 경력이 있으며, 거대 조직과 절대 권력, 첨단 기술과 미래사회에 대한 그의 문제의식이 후속 작품들에 큰 영향을 주었다는 것이다. 사실 이러한 문제의식은 Production I.G 외에 다른 제작사들 작품에서는 쉽게 찾아보기가 어렵다.

(좌측 그림: 'PSYCHO-PASS Sinners of the System' 예고편 캡처 화면 /
우측 그림: '은하영웅전설 Die Neue These' 캡처 화면)

대표작으로는 '공각기동대 시리즈', 'BLOOD+ 시리즈', '정력의 수호자', '도서관 전쟁', '동쪽의 에덴', '쿠로코의 농구', 'PSYCHO-PASS', '취성의 가르간티아', '하이큐!!', '조커 게임', '은하영웅전설 Die Neue These' 등이 있다. 또한, NETFLIX와 계약하여 제작한 작품으로 'B: The Beginning'이 있다.

(지벡 로고)

한편 Production I.G의 자회사인 지벡(XEBEC)은 1995년에 설립되었고 주요 작품은 '폭렬 헌터', '기동 전함 나데시코', '샤먼 킹', 'D・N・ANGEL', '러브히나' 등이다. 특히 '조이드'라는 작품은 작화와 3D CG 융합 작업이 아주 좋다는 평가를 받았다. 그러나 2019년 4월 경영난을 극복하지 못하고, 지벡은 애니메이션 제작사업부를 선라이즈에 넘겼는

데, 그 후 곧바로 Production I.G가 지벡의 저작권과 나머지 부서들을 모두 흡수 통합하면서 지벡은 역사 속으로 사라졌다.

(좌측 그림: '샤먼 킹' 캡처 화면 /
우측 그림: 'D•N•ANGEL' 캡처 화면)

그리고 지벡과 형제 관계에 있었던 '위트 스튜디오(WIT STUDIO)'는 2012년 Production I.G의 자회사로 설립되었다. 일본뿐 아니라 해외에서도 화제를 모았던 '진격의 거인'과 '갑철성의 카바네리'를 제작했으며, Production I.G의

(위트 스튜디오 로고)

프로듀서였던 '와다 죠지'가 위트 스튜디오의 회장직을, '나카타케 테츠야'는 프로듀서를 담당하고 있다. 위트 스튜디오는 2016년 뉴타입 애니메이션 시상식에서 작품상, 사운드상, 캐릭터 디자인상, 각본상, 스튜디오상 부문에서 모두 1위를 차지했던 경력이 있다. 타츠노코 프로의 영향을 받았던 제작사 중에서 위트 스튜디오가 작품성과 상품성을 겸비하고 꾸준한 성과를 내는 회사라고 볼 수 있다.

주요 작품으로 '종말의 세라프', '마법사의 신부', '사랑은 비가 갠 뒤처럼', '빈란드 사가' 등이 있는데, 전반적으로 스토리 배경이 무겁거나 어두운 것들이 많다. 한 가지 특이한 점은 Production I.G가 넷플릭스와 포괄적 업무 제휴를 맺었지만, 자회사인 위트 스튜디오는 넷플릭스 경쟁사인 '아마존 프라임 비디오(Amazon Prime Video)'와 제휴를 맺은 것이다. 결국, 글로벌 온라인 스트리밍 서비스 사업에서 넷플릭스의 독주를 견제하려는 아마존의 마케팅 전략이 일본 애니메이션 스튜디오들과 제휴 확대로 이어지고 있는 셈이다.

(좌측 그림: '진격의 거인' 캡처 화면 /
우측 그림: '갑철성의 카바네리-해문 결전' 캡처 화면)

4) P.A. WORKS

P.A.WORKS Progressive Animation Works

(P.A. WORKS 로고)

P.A. WORKS는 'Progressive Animation Works'의 약자로, 타츠노코 프로 출신이면서 Production I.G의 프로듀서를 맡았던 '호리카와 켄지'가 2002년 도쿄 서북쪽 먼 곳의 도야마현(縣)에 설립하였다.

P.A. WORKS 대표작은 'CANAAN', 'Angel Beats!', '꽃이 피는 첫걸음', '잔잔한 내일로부터', 'SHIROBAKO', '사쿠라 퀘스트', '이별의 아침에 약속의 꽃을 장식하자', 'Fairy Gone' 등이다. 특히 'SHIROBAKO'라는 작품은 애니메이션 스튜디오의 작품 제작 과정을 코믹하게 그리면서도 구체적으로 묘사한 것으로 유명하다. 아울

러 P.A. WORKS는 여성을 주인공으로 내세워 그들이 직장에서 역경을 이겨내고 성장하는 것이나 사회에서 남다른 활약을 펼치는 스토리를 많이 다루었다. 한편 P.A. WORKS는 도야마현의 아름다운 자연과 개성적인 지역을 배경으로 한 오리지널 작품을 많이 만들었는데, 결과적으로 도야마현이 아니메 팬들의 성지 순례 코스로 부상하면서 관광사업 활성화에도 큰 기여를 하였다. 작품적인 특징으로는 타츠노코 프로나 Production I.G와 달리 P.A. WORKS 작품들은 대체로 밝고 희망찬 내용을 담고 있다.

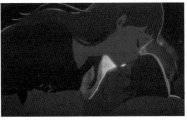

(좌측 그림: 'SHIROBAKO' 캡처 화면 /
우측 그림: '이별의 아침에 약속의 꽃을 장식하자' 캡처 화면)

결론적으로 타츠노코 프로는 토에이, 무시 프로덕션과 함께 일본 애니메이션의 3대 유전자를 형성하였고, 타츠노코 프로의 직·간접적 영향을 받은 제작사들인 피에로, 세븐 아크스, J.C. STAFF, Production I.G, 위트 스튜디오 및 P.A. WORKS는 일본 애니메이션 업계에 눈부신 업적을 남겼다(그림 11). 무엇보다도 피에로의 OVA 최초 출시, 세븐 아크스의 미소녀물, Production I.G의 첨단 기술과 미래사회, 거대 조직사회에 대한 반감 및 P.A. WORKS의 여성 주인공 성장 스토리 등 장르의 다양성 촉진에 커다란 기여를 하였다. 결국, 토에이나 무시 프로덕션 계열의 제작사들에 비해 타츠노코 계열의 제작사들이 상대적으로 더욱 변화무쌍하고, 차후엔 제작사 계열 분류가 무의미할 만큼 스스로의 영역을 개척하였다고 평가할 수 있다.

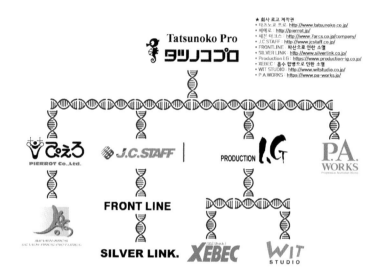

(그림 11) 타츠노코 프로 유전자 조감도

기타 제작사들

　지금까지 토에이 애니메이션, 무시 프로덕션, 타츠노코 프로 등 일본 애니메이션 업계의 모태가 되었던 3대 제작사와 그 영향권에서 탄생한 제작사들에 대해 간단하게 설명하였는데, 그 외에도 한 번쯤 짚고 넘어갈 필요가 있는 제작사들은 다음과 같다.

1) 톰스 엔터테인먼트(TMS Entertainment)

　톰스 엔터테인먼트는 1964년에 설립되었고 도쿄 무비, 도쿄 무비 신사(新社), TMS 엔터테인먼트 순으로 사명이 계속 바뀌었다. '톰스'라는 이름은 영어로 'TMS'라고 표기하는데, 이는 'Tokyo Movie Shinsha(도쿄 무비

(톰스 엔터테인먼트 로고)

신사)'의 앞 글자를 딴 것이다. 톰스 엔터테인먼트는 1965년부터 A 프로덕션과 협력하면서 신작 기획은 도쿄 무비에서, 작품 제작은 A 프로덕션에서 수행하는 이원화 구조를 확립하였다. 그러나 1975년

국내 시장에서 성장의 한계를 느끼고 해외 시장 진출을 위해 '텔레콤 애니메이션 필름'이라는 자회사를 설립하였고 1976년 사명을 도쿄 무비 신사로 바꾸었다. A 프로덕션 역시 톰스 엔터테인먼트와 이원화 협력 관계를 끝내고 '신에이 동화'로 사명을 변경하였다. 톰스 엔터테인먼트는 어린이와 가족용 작품들을 주로 제작하였고 루팡이나 코난 시리즈처럼 오랜 기간 방영되며 인기를 끌었던 작품들이 많다. 또한, 게임 제작사 '세가(SEGA)' 그룹 계열사로서 게임 버전 애니메이션도 제작한 바 있다.

(좌측 그림: '명탐정 코난: 감청의 권' 캡처 화면 /
우측 그림: '겁쟁이 페달' 캡처 화면)

대표작으로 '명탐정 코난', '루팡 3세', '형사 가제트', '날아라 호빵맨', '마법 기사 레이어스', '베르사유의 장미', '겁쟁이 페달 시리즈' 등이 있다.

2) 스튜디오 지브리(Studio Ghibli: スタジオジブリ)

스튜디오 지브리(Ghibli)는 친환경, 반(反)전쟁, 반(反)물질 만능주의를 주제로 장편 극장판 애니메이션을 주로 고집했던, 일본 애니메이션 업계의 '독립국'과 같은 존재이다. 그래서 일본 애니메이션의 다양성 측면에서 더욱 의미 있는 제작 사임이 분명하다. 1984년 '바람계곡의 나우시카'를 제작했던 '톱 크래프트 스튜디오'가 파산 상태에 빠진 후, 미야자키 하야오, 타카하타 이사오및 스즈

(스튜디오 지브리 로고)

키 토시오가 '천공의 성 라퓨타'를 만들기 위해서 토쿠마 서점의 투자를 받아 1985년 '톱 크래프트'를 인수, 새롭게 단장한 회사가 바로 스튜디오 지브리이다. 지브리의 특징은 독특한 캐릭터 디자인과 동화 같은 판타지적인 배경을 잘 묘사한 점, 어른들도 깊게 고찰해 볼 수 있는 스토리 등이다. 그러나 미야자키 하야오 감독이 2013년 갑자기 은퇴 선언을 하면서 세계적인 명성을 누렸던 지브리의 위상이 서서히 흔들리기 시작했다. 2014년 제작 부서가 해체되었고 미야자키 하야오의 명성을 이어갈 새로운 감독이 제때 배출되지 못하면서 후속 작품들이 흥행에 실패하였다. 결국, 지브리 핵심 인력들이 뿔뿔이 흩어졌고, 미야자키 하야오는 2017년 은퇴 선언을 번복하고 다시 새로운 작품 제작에 들어갔다. 지브리의 대표작은 '천공의 성 라퓨타', '이웃집 토토로', '마녀 배달부 키키', '모노노케 히메', '센과 치히로의 행방불명', '하울의 움직이는 성', '벼랑 위의 포뇨', '바람이 분다' 등이며, 모두 한 시대를 풍미했던 걸작들이다.

(좌측 그림: '모노노케 히메' 캡처 화면 /
우측 그림: '센과 치히로의 행방불명' 캡처 화면)

3) OLM(Oriental Light & Magic: オー・エル・エム)

OLM, Inc. OLM Digital, Inc.

(OLM 로고)

1994년 설립된 OLM(Oriental Light & Magic)은 한국에선 알려지지 않은 회사이지만 '포켓몬스터' TV 판, 극장판 애니메이션을 전부 제작했다는 것으로 유명하다. OLM의 가장 큰 특징은 시대 변화에 빠른 적응력을 보여줬다는 점이다. 1995년, 비교적 빠른 시기에 디지털 제작을 도입하였고 2016년 'Toon Boom'이라는 디지털 작화 소프트웨어를 사용하는 제작팀도 만들었다. 여전히 많은 제작사가 종이로 작화 작업을 수행하고 있음을 고려할 때, OLM은 비교적 혁신적인 회사라고 할 수 있다.

또한, 어린이용 작품 제작에 집중하는 특징을 가지고 있으며, 포켓몬스터 외에 OLM의 주요 작품으로 '오! 나의 여신님', '웨딩 피치', '칭송받는 자', '이나즈마 일레븐', '요괴 워치', '카드 파이트!! 뱅가드', '신칸센 변형 로보 신카리온' 등이 있다.

(좌측 그림: '요괴 워치' 캡처 화면 /
우측 그림: '뮤츠의 역습 EVOLUTION' 예고편 캡처 화면)

4) A-1 Pictures

A-1 Pictures는 소니(SONY) 그룹 산하 '애니플렉스(ANIPLEX)' 자회사로서 2005년 설립되었다. 애니메이션 업계에서 1위를 목표로 한다는 회사명의 A-1 Pictures는 소니 그룹과 애니플렉스의 든든한 지원을 받으면서 오리지널 애니메이션을 다작(多作)하는 제작사로 알려져 있다.

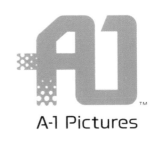

(A-1 Pictures 로고)

(좌측 그림: '소드 아트 온라인' 캡처 화면 /
우측 그림: '나만이 없는 거리' 캡처 화면)

A-1 Pictures 주요 작품 목록에는 '전장의 발큐리아', '페어리 테일', '그날 본 꽃의 이름을 우리는 아직 모른다', '청의 엑소시스트', '아이돌 마스터', '마기', '소드 아트 온라인', '흑집사', '페르소나 시리즈', '나만이 없는 거리', '재와 환상의 그림갈', '일곱 개의 대죄', '카구야 님은 고백받고 싶어' 등이 있으며, 대체로 큰 화제를 모았던 작품들이다. A-1 Pictures는 2018년 두 개 스튜디오 중에서 하나를 분사시켜 'CloverWorks'라는 제작사를 설립하였고 CloverWorks의

대표작은 '달링 인 더 프랑키스', '약속의 네버랜드'가 있다.

5) 유포테이블(UFOTABLE)

(유포테이블 로고)

유포테이블은 일본 애니메이션 업계에서 개성이 매우 강한 제작사라고 할수 있다. 애니메이션 제작사와 영상 제작사에서 경험을 쌓은 '콘도우 히카루'가 2000년에 설립하였다. 유포테이블의 가장 큰 특징은 애니메이션 제작만 하는 것이 아니라, 다양한 사업도 함께한다는 점이다. 유포테이블 카페를 운영하고 있으며 'Ufotable Cinema'라는 영화관도 소유하고 있다. 그 밖에 만화 사업, 카페 판매용 상품 개발, 성우 육성 사업까지 다양한 사업을 전개하며 애니메이션 제작 사업과 시너지 효과를 높이고 있다. 대표작으로는 '공의 경계 시리즈', 'Fate Zero', 'Fate Stay Night 시리즈', '테일즈 오브 시리즈', '귀멸의 칼날' 등이 있다.

(좌측 그림: 'Fate/stay night [Unlimited Blade Works]' 캡처 화면 /
우측 그림: '귀멸의 칼날' 캡처 화면)

6) 코믹스 웨이브 필름(Comix Wave Films)

코믹스 웨이브 필름은 1998년 이토추 상사의 사내 벤처로 시작하였고 이토추 상사의 코믹스 웨이브 산하 소프트웨어 사업부가 2007년 '코믹스 웨이브 필름'이라는 독립 법인으로 분사하면서 탄생하였다.

(코믹스 웨이브 필름 로고)

2016년에 '너의 이름은'을 제작한 신카이 마코토 감독은 스튜디오 지브리의 미야자키 하야오 감독처럼, 코믹스 웨이브 필름에서 거의 절대적인 비중을 차지하고 있다. 2011년 신카이 마코토 감독의 '별을 쫓는 아이'가 흥행에 성공하면서 코믹스 웨이브 필름의 존재감이 드러나기 시작했고, 2013년 출시한 '언어의 정원', '누군가의 시선'도 큰 인기를 끌었다. 무엇보다도 2016년에 '너의 이름은'이 일본 애니메이션 역사에서 한 획을 긋는 명작 반열에 오르게 되었으며, 이를 계기로 신카이 마코토는 업계에서 미야자키 하야오 감독을 대신할 수 있는 가장 유력한 후계자로 부상하였다.

(좌측 그림: '너의 이름은' 캡처 화면 /
우측 그림: '날씨의 아이' 예고편 캡처 화면)

그 밖에 코믹스 웨이브 필름의 주요 작품으로는 '우리의 계절은'과 2019년에 개봉한 신카이 마코토 감독의 '날씨의 아이'가 있으며,

주요 작품들은 하늘과 자연, 다양한 채광이 만들어 내는 영상미 구현에 능하다는 평가를 받고 있다.

아니메 체험 공간의 발전:
아키하바라, 이케부쿠로, 나카노 브로드웨이

ANIME & COMICKET

일본에서 아니메가 단순히 '보는 것'을 뛰어넘어 '직접 체험하는 것'으로 진화한 것은 다양한 '체험 공간(experience space)'의 등장 및 특화와 관련이 깊다. 그리고 다양한 체험 공간은 결국 그것들이 밀집된 '장소(location)'에 대한 관심이며, 관심의 초점은 그곳이 '얼마나 매력적이고 재미있으며, 편리하게 접근할 수 있는가?'의 문제로 귀결된다. 이미 여러 서적과 학술 논문에서도 많이 다루었지만, 일본의 아니메 3대 체험 장소로서 도쿄의 아키하바라(Akihabara), 이케부쿠로(Ikebukuro), 나카노 브로드웨이(Nakano Broadway)를 좀 더 구체적으로 살펴볼 필요가 있다. 3곳은 모두 도쿄의 교통 요충지에 있어 접근하기 편리하고, 매우 다양하고 이색적인 콘텐츠(contents)들을 풍부하게 갖추고 있다. 그리고 3곳은 아니메와 만화책, 라이트 노벨, 게임을 좋아하는 일반인들과 마니아(mania) 그룹, 소위 '오타쿠(otaku)'들의 지속적인 재방문 장소로 자리 잡았다.

이들 3곳이 일본을 대표하는 아니메 체험 공간으로 발전한 것은 무엇보다도 '뭔가 희소하고(rare) 가치 있는(valuable) 것'들을 쉽게 찾고 구입할 수 있기 때문이며, 그러한 전시, 거래 기능을 다른 곳에서는 모방하기가 매우 어렵다. '희소하고 가치 있는 것'들은 방문객들에게 '재미(fun)'를 선사하며, 그러한 '재미'는 그 장소에 가야만 제대로 누릴 수 있다는 인식이 널리 퍼졌기 때문이다. 아키하바라, 이케부쿠로, 나카노 브로드웨이 3곳의 특화 요인은 접근의 용이성(access convenience), 점포 콘텐츠 다양성(store contents diversity), 점포의 밀집도(shops & stores clustering) 등 세 가지 측면에서 다룰 수 있다.

접근의 용이성(Access Convenience)

아키하바라, 이케부쿠로, 나카노 브로드웨이의 접근 용이성은 3곳 모두 도쿄에서 철도의 요충지에 있어, 외부에서 접근하기가 매우 쉽고, 3곳에 있는 점포와 상점들이 대부분 걸어갈 수 있는 곳에 집중된 점에서 찾을 수 있다. 우선 아키하바라역은 JR의 야마노테선(Yamanote Line), 케이한-토호쿠-네기시선(Keihin-Tohoku-Negishi Line), 추오-소부선(Chuo-Sobu Line) 등 세 개 라인이 지나고, 도쿄 지하철(Tokyo Metro) 중에서 히비야선(Hibiya Line)이 지나고 있다(그림 12). 또한 도에이 지하철(Toei Subway)의 신주쿠선(Shinjuku Line)이 근처 이와모토초(Iwamotocho)역을, 도쿄 지하철의 긴자선(Ginza Line)이 스에히로초(Suehirocho)역 경유하며, 민간 철도인 츠쿠바 익스프레스(Tsukuba Express)가 아키하바라역을 기점으로 출발한다. 2017년 기준 아키하바라역 일일 평균 이용객(도쿄 메트로 및 JR 포함)은 약 45만 명으로 추산된다.

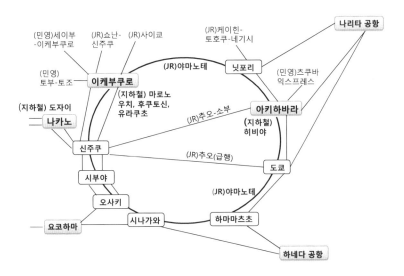

(그림 12) 도쿄 아키하바라, 이케부쿠로, 나카노 브로드웨이
상점가의 접근 용이성

아키하바라 일요일 오후 1~5시 자동차 없는
거리, '보행자 천국' 전경(저자 촬영)

이케부쿠로역은 JR 야마노테선에서 신주쿠역, 시부야(Shibuya)역과 함께 3대 번화가로 꼽힌다. 사실 야마노테선 이케부쿠로역에서 신주쿠역까지 약 5분, 시부야역까지 약 11분이 소요되며 아키하바라역도 20분 남짓으로 가까운 거리에 있다. 야마노테선과 더불어 JR 사이쿄선(Saikyo Line)과 쇼난-신주쿠선(Shonan-Shinjuku Line)이 이케부쿠로역을 지나고, 민영 철도인 세이부-이케부쿠로선(Seibu-Ikebukuro Line)과 토부-토조선(Tobu-Tojo Line)도 이케부쿠로역에 닿는다(그림 12). 또한, 도쿄 지하철의 마루노우치선(Marunouchi Line), 후쿠토신선(Fukutoshin Line)과 유라쿠초선(Yurakucho Line)이 이케부쿠로를 경유한다. 2017년 기준, 도쿄 지하철 3개 노선(JR 제외)의 이케부쿠로역 일일 평균 이용객은 약 57만 명으로 도쿄 지하철 130개 역 중에서 가장 많은 것으로 나타났고, 여기에 JR 이용객을 포함하면 하루 평균 이용객은 약 80~90만 명에 달할 것으로 추산된다. 결국, 이케부쿠로역은 도쿄 서북쪽 오미야(Omiya) 방면 사이타마(Saitama)현 거주자들이 도쿄 진입을 위해 거쳐야 하는 관문이라고 할 수 있다.

나카노역 '선 몰(Sun Mall)' 끝에 있는 나카노 브로드웨이 건물 출입구(저자 촬영)

나카노 브로드웨이가 위치한 나카노역은 JR 추오선(Chuo Line)과 추오-소부선이 지나가고 도쿄 지하철 도자이선(Tozai Line)의 기점이다(그림 12). 나카노역은 이케부쿠로역과 신주쿠역 사이에 있으며 도쿄 서쪽 지역 거주자의 또 다른 관문이다. 2017년 기준 나카노역 일일 평균 이용객은 약 25만 명으로 추산된다. JR 추오선을 따라, 나카노역 인근에 토에이(Toei)나 TMS 등 주요 아니메 스튜디오들이 많이 있다.

나카노 브로드웨이는 나카노역 북쪽 출구로 나가서, '선 몰(Sun Mall)' 아케이드 상점가(총 길이 230m)의 맨 끝자락에 있으며, 지하에는 식품과 패션관이 있고 1~4층에 만다라케(Mandarake) 본점을 비롯한 피규어(figure), 굿즈(goods), 장난감, 서적, 음반, 소품점들이 촘촘히 들어서 있다. 결국, 실내에 있는 나카노 브로드웨이가 비록 규모는 작아도 아니메 체험 공간으로서 점포 밀집도와 접근 용이성 측면에서 아키하바라, 이케부쿠로를 앞선다고 볼 수 있다. 다만 도쿄 서북쪽 외곽에서 접근성은 이케부쿠로가 가장 좋고, 하네다(Haneda) 공항과 나리타(Narita) 공항을 포함한 도쿄 동남쪽 지역에서 접근성은 아키하바라가 최적의 체험 장소라고 할 수 있다(그림 12).

02

점포 콘텐츠 다양성(Store Contents Diversity)

만화, 아니메 3대 체험 공간으로서 콘텐츠 다양성을 살펴보면, 우선 아키하바라는 전자제품뿐만 아니라 만화, 아니메, 게임 관련 거의 모든 아이템의 구입과 판매가 가능한 곳이다. 아키하바라는 아니메 주인공 피규어나 미소녀 피규어, 굿즈, 건담 프라모델(건프라)뿐만 아니라 철도 모형, 자동차 모형, 밀리터리 (military) 모형 등 거의 무한대에 가까운 테마 상품과 모형들을 취급하는 도쿄 최대 상설 전시장이라고 할 수 있다. 사실 아키하바라는 1930년대부터 1960년대까지 일본 최대 청과물 도소매, 유통시장으로서 이름을 날렸다. 그 후 1990년대 중반까지 TV, 냉장고, 세탁기, 오디오, 카메라, 게임기, PC, 노트북 등 완제품과 중고품, 온갖 부속품을 거래하는 '일본 최대의 전자상가'로 자리매김하였다. 1990년대 중반 이후, PC 조립과 판매가 줄어들고 온라인 가전 시장이 점점 커지면서 '전자상가'로서 아키하바라의 위상은 많이 약화되었고, 전자제품 점포들이 빠져나간 자리를 만화와 아니메, 게임 관련 점포들이 신속하게 채우면서 국내외 아니메 팬들과 관광객들을 끌어들이기 시작했다. 아키하바라의 콘텐츠 다양성은 주요 아이템(item)별로 점

아키하바라의 상징 건물, '라디오 회관' 전경(저자 촬영)

아키하바라 '라디오 회관' 3층 'K-북스 아키하바라점' 내부 모습(저자 촬영)

아키하바라 '라디오 회관' 9층 '카드 라보(C-labo)'에서 트레이딩
카드 게임을 즐기는 사람들 모습(저자 촬영)

포들을 분류한 현황표(표 2, 118쪽)에 잘 나타나 있다.

만화, 아니메 체험 공간은 JR 아키하바라역 전자 상점가(텐키가
이) 출구 주변과 중앙 출구에서 북쪽으로 이어지는 8차선 중앙통로
(추오도리)에 집중되어 있다. 아키하바라역 전자 상점가 출구의 왼
쪽에는 아키하바라의 상징, '라디오 회관(Radio Kaikan)'과 '게이머
즈(Gamers)' 본점이 있다(그림 13, 117쪽).

라디오 회관은 1960~1970년대까지 라디오와 각종 음향기기를 취급
하는 상점들이 많이 입주해 있었으나, NEC(일본 전기 주식회사)가
1976년 일본 최초로 PC 판매점을 오픈한 것을 계기로 'PC 판매와 유
통의 메카'로 불렸던 곳이다. 그러나 2000년대 들어, PC 산업이 쇠퇴
하면서 만화, 아니메, 피규어, 굿즈, 장난감, 게임, 프라모델, DVD 상점
들이 속속 들어서기 시작했다. 2009년 제작된 초대형 히트작 '슈타인

아키하바라 '라디오 회관' 맞은편에 있는 '게이머즈' 본점 전경(저자 촬영)

즈 게이트(Steins; Gate)'에서 추락한 인공위성이 라디오 회관에 박혔
던 장면은 라디오 회관을 아키하바라의 명소로 만들었다. 라디오 회관
바로 맞은편에는 백화점 스타일의 만화, 아니메 상품 체인점 '게이머
즈' 본점이 있다. 각종 게임과 DVD, CD, 피규어, 서적과 문구, 한정판
굿즈 등 게이머즈 본점에 걸맞게 다양하고 방대한 상품을 구비하였다.
　라디오 회관 바로 옆에는 '보크스(Volks) 아키하바라 하비 천국'
이 있는데, 2011~2014년 라디오 회관 리모델링 공사 중, 예전에 라
디오 회관에 입주해 있던 많은 상점이 보크스 아키하바라 건물로 이
전했고, 라디오 회관 재개장 이후에도 보크스 건물에서 계속 영업을
하는 것이라고 알려져 있다. 보크스는 프라모델과 피규어 등을 제작,
판매하는 회사이고, 아키하바라 하비 천국은 성인 취향의 프라모델
과 피규어뿐만 아니라, 자신만의 모형을 제작할 수 있도록, 다양한
제작 공구와 물감, 붓, 접착제, 부속품 등을 갖추고 있다.

'보크스(Volks) 아키하바라 하비 천국' 건물 전경(저자 촬영)

아키하바라역 중앙 개찰구 쪽에 있는 전자제품 양판점
'요도바시 아키바' 건물 전경(저자 촬영)

또한, 아키하바라역 중앙 개찰구 앞에 있는 '요도바시 아키바 (Yodobashi Akiba)'는 지하 6층, 지상 9층의 전자제품 종합 쇼핑몰로 '요도바시 카메라'가 운영하는 매장 중에서 일본 최대 규모를 자랑한다(그림 13, 117쪽). 전자제품뿐만 아니라 아니메 관련 피규어와 프라모델, 장난감, 게임, DVD, 음반과 서적도 골고루 갖추고 있어, 한 곳에서 전자제품 구매와 만화, 아니메, 게임 관련 직간접 체험이 가능하도록 만들었다.

아키하바라 '쇼센(Shoshen) 북 타워' 출입구 모습(저자 촬영)

중고 책 유통 체인점 '북 오프(Book-Off)' 아키하바라점
출입구 모습(저자 촬영)

중앙 개찰구에서 '요도바시 아키바' 건너편에는 일본 최대 중고 책 유통 체인 '북 오프(Book Off)'와 전문 서적을 주로 취급하는 '쇼센(Shoshen) 북 타워'가 있다. 북 오프에서는 중고 만화책과 라이트 노벨, 잡지, 일반 서적뿐만 아니라, DVD, 게임기, CD, 아니메 관련 각종 배지(Badge)와 굿즈, 시리즈(series) 카드, 트레이딩 카드도 거래한다. '쇼센 북 타워'는 층마다 카메라, 오디오, 철도, 자동차, 군함, 우주 및 아니메 제작과 특수 촬영 등 각 분야 마니아들을 위한 전문 서적들을 갖추고 있다.

아키하바라역 전자 상가 쪽 출구 광장에 있는 '건담 카페' 전경(저자 촬영)

아키하바라역 전자 상가 쪽 출구 광장에 있는 'AKB48 카페&숍' 전경(저자 촬영)

'돈키호테' 아키하바라점 건물 전경(저자 촬영)

아키하바라 '토라노아나 B관' 외부 전경(저자 촬영)

'애니메이트' 아키하바라점 외부 전경(저자 촬영)

한편 아키하바라역에서 전자 상가(추오도리) 쪽 출구 광장 왼쪽에는 건담 카페와 AKB48 카페&숍이 있다(그림 13, 117쪽). 건담 카페는 한 시대를 풍미했던 건담 아니메 팬뿐만 아니라, 어린 시절 보았던 건담 시리즈 명장면에 얽힌 사연이나 옛 추억을 더듬어 보고 싶은 사람들이 한 번쯤은 꼭 방문하는 아키하바라의 명소이다. AKB48 카페&숍은 일본을 대표하는 소녀 아이돌 그룹 AKB48을 테마로 한 다양한 체험 공간이다.

AKB48 실제 멤버들의 라이브 공연은 '돈키호테(Don Quijote)' 아키하바라점 8층에 있는 전용 극장에서 수시로 열린다. 돈키호테 아키하바라점은 각종 생활잡화뿐만 아니라 천여 개가 넘는 코스프레 의상과 소품들을 판매하는 곳으로도 유명하다. 돈키호테 바로 옆에는 '에니메이트(Animate)'와 '토라노아나(Toranoana)'가 있다. 에니메이트 아키하바라점은 7층 건물로 만화 주간지와 월간지, 신간

아키하바라 '만다라케 콤플렉스'의 1960~1970년대 중고 만화책 코너 모습(저자 촬영)

'라신반(Lashinban)' 아키하바라점 1층 남성 동인지 코너 모습(저자 촬영)

단행본, 라이트 노벨, DVD와 CD 등을 판매하는데, 이케부쿠로 본
점이 주로 여성 취향의 작품들을 취급하는 반면, 아키하바라점은 좀
더 대중적인 작품들을 많이 판매한다. '토라노아나'는 아마추어 만
화가와 라이트 노벨 동인회 작품들, 즉 동인지(同人誌; 도우진시)를 주
로 취급하는 곳이다.

그 밖에 만다라케(Mandarake) 콤플렉스는 8층 건물로 1층은
중고 매입 카운터, 2층은 아니메 제작에 쓰였던 도구와 소품 코너,
4~5층은 도우진시 코너, 7층은 특수 촬영물 코너이며, 이색적이고
압축적인 체험 공간으로 구성되어있다. '소프맵 어뮤즈먼트(Sofmap
Amusement)'관은 8층 건물로 닌텐도와 소니 플레이스테이션 등 신
작 게임과 중고 게임기 및 게임 소프트웨어를 집중적으로 취급하면
서 프라모델, 피규어, 아이돌 DVD와 성인용 취미 용품들도 갖추고
있다. 아키하바라 UDX는 도쿄도가 추진한 아키하바라역 재개발 사

아키하바라 UDX 2층 야외에 있는 '아키바 스퀘어' 모습(저자 촬영)

업의 일환으로 중앙통로(추오도리) 뒤쪽 '아키하바라 크로스필드(Crossfield)'에 새롭게 들어선 22층 건물이다(그림 13). 2층에 '아키바 스퀘어(Akiba Square)'라는 만화, 아니메 야외 이벤트 공간이 있고 4층에는 아니메 센터와 영화관이 자리 잡고 있다.

두 번째로 이케부쿠로의 아니메 체험 공간들은 대부분 JR 이케부쿠로역 동쪽 출구에 모여 있다(그림 14, 120쪽). 이케부쿠로 점포들의 콘텐츠 다양성은 점포 현황표(표 3, 121쪽)에 잘 나타나 있다. 우선 이케부쿠로역 동쪽 출구 바로 왼편에는 니코니코(Niconico) 본사와 인간형 생체 전투 병기 '에반게리온(Evangelion)' 상품만 전문적으로 취급하는 '에반게리온 스토어'가 있다. 니코니코 동화는 아니메를 비롯한 동영상 온라인 스트리밍 서비스 기업으로, 이케부쿠로 니코니코 본사 카페에서는 아니메 촬영 카메라 조작 등 색다른 경험을 할 수 있다. 그 옆으로 가전제품 양판점, '야마다 전기(Yamada Denki)' 건물 7층에는 건담(Gundam) 스토어가 있다. 여기는 건담 프라모델과 굿즈, 건담 만화책과 잡지, 물감과 붓, 본드 등 각종 프라모델 제작 도구 등을 완비하였고 건담 시리즈 팬이라면 반드시 가볼 만한 가치가 있는 곳이다.

한편 동쪽 출구를 나와서 직진하면 '선샤인(Sunshine) 60 스트리트'가 시작되며, 그 길 끝에 있는 '선샤인 시티(Sunshine City)'에 도달할 때까지 길 주변으로 빅 카메라(Bic Camera), 시네마 선샤인, 북 오프, 애니메이트, 휴맥스(Humax) 시네마, 세가(SEGA) 등 다양한 체험 공간들이 몰려 있다(그림 14, 120쪽). 선샤인 60 스트리트는 라이트 노벨과 아니메로 익히 알려진 '듀라라라(Durarara)!!'의 주요 배경이 되었던 곳이기도 하다.

이케부쿠로역 동쪽 출구 왼쪽에 있는 '니코니코(Niconico)' 본사 전경(저자 촬영)

이케부쿠로 '선샤인 60 스트리트' 전경(저자 촬영)

이케부쿠로 선샤인 60 스트리트에 있는 '휴맥스 시네마' 전경(저자 촬영)

이케부쿠로 선샤인 60 스트리트에 있는 '시네마 선샤인' 전경(저자 촬영)

'애니메이트' 이케부쿠로 본점 전경(저자 촬영)

　북 오프 이케부쿠로점은 일본에서 가장 큰 규모이며, 시네마 선샤인은 극장판 아니메 개봉관 1순위로 여겨지는 곳이다. 또한, 애니메이트 이케부쿠로점은 본점으로서 이케부쿠로가 예전부터 남성보다는 여성들이 좋아하는 만화, 아니메, 코스프레 행사에 특화된 곳으로 인식되면서, 이곳 애니메이트도 소녀들과 여성들을 겨냥한 작품들이 상대적으로 많은 곳으로 알려져 있다. 한편 선샤인 60 스트리트 뒤편 골목에는 2019년 7월 일본에서 가장 큰 스크린, '18.9m(높이) X 25.8m(가로)'를 갖춘 IMAX 영화관 '그랜드 시네마 선샤인'이 개장했다.

　이케부쿠로의 랜드마크인 '선샤인 시티'는 60층 건물로 251m 전망대와 호텔, 박물관, 수족관, 영화관 등을 갖춘 복합 쇼핑몰로서, 아니메와 키덜트 문화의 중심지이다. 선샤인 시티 내부에는 스튜디오 지브리의 캐릭터 상품들과 잡화를 판매하는 '도토리 공화국(Donguri

이케부쿠로 선샤인 시티 쇼핑몰에 있는 '모에(MOE) 가든' 전경(저자 촬영)

Kyouwakoku)'과 모에(MOE) 관련 상품들을 취급하는 '모에 가든'이
있다. 아울러 'J 월드 도쿄'는 일본 최대 만화 주간지 '소년 점프'의
만화 캐릭터들을 만날 수 있는 테마파크로서, 크게 원피스 구역과 드
래곤 볼 구역, 나루토 구역 및 기타 구역으로 나뉘었고, 각 구역은 각
테마와 배경을 구현한 놀이기구와 게임 및 체험 공간이었다. 그러나
2019년 2월 17일, 'J 월드 도쿄'는 선샤인 시티 쇼핑몰에서 완전히
철수하였고 향후 다시 개점할 가능성은 불투명하다고 한다.

그 밖에 포켓몬스터 관련 피규어, 인형, 장난감, 굿즈, 게임기 등
을 취급하는 '포켓몬 센터 메가 도쿄'와 닌텐도 등 게임 제작으로
유명한 반다이남코가 운영하는 체험형 테마파크, '남자타운(Namja
Town)'도 선샤인 시티 쇼핑몰에 있어, 이곳에서만 다양한 '원스톱
(One-stop)' 체험이 가능하다고 할 수 있다.

이케부쿠로 선샤인 시티 쇼핑몰에 있는 스튜디오 지브리 전문 상점
'도토리 공화국' 전경(저자 촬영)

이케부쿠로 선샤인 시티 쇼핑몰에 있는 '리락쿠마(Rilakkuma) 스토어' 전경(저자 촬영)

이케부쿠로 선샤인 시티 쇼핑몰에 있는 '남자타운(Namja Town)'
고양이 캐릭터 인형의 순회 모습(저자 촬영)

이케부쿠로 선샤인 시티 쇼핑몰에 있는 '포켓몬 센터 메가 도쿄' 내부 모습(저자 촬영)

이케부쿠로 '오토메 로드(Otome Road)'의 여성향 상점가 모습(저자 촬영)

이케부쿠로 오토메 로드에 있는 '라신반' 전경(저자 촬영)

이케부쿠로 오토메 로드에 있는 'K북스 아니메관' 전경(저자 촬영)

선샤인 시티 건너편 약 150m에 달하는 '오토메 로드(Otome Road)'에는 애니메이트 애넥스 선샤인, 라신반(Lashinban), K북스 아니메관, K북스 캐릭터관, 만다라케, K북스 코믹&소프트관, K북스 동인(同人; Doujin)관, 집사 카페 등 주로 여성들을 겨냥한 체험 공간들이 모여 있고, 특히 K북스 직영 점포들이 많아 'K북스 로드' 라고도 불린다(그림 14, 120쪽).

K북스 동인관은 라이트 노벨과 만화를 통해 자신의 상상력을 펼치는 아마추어 여성 작가 동인지(同人誌)들이 가장 많이 있는 이케부쿠로 마니아 명소 중 하나이다. 오토메 로드에 있는 애니메이트 애넥스(Annex) 선샤인은 8층 건물 대부분이 코스프레 관련 상품으로 특화되어 있다. 또한, 라신반은 비교적 저렴한 중고 피규어, 장난감, 인형, 굿즈 등을 취급하며, 만다라케도 주로 여성 취향 위주의 동인 지 작품들을 취급하고 있다.

이케부쿠로 오토메 로드에 있는 'K북스 동인관' 전경(저자 촬영)

이케부쿠로 오토메 로드에 있는 '애니메이트 애넥스 선샤인'
1층 애니메 카페 모습(저자 촬영)

이케부쿠로 오토메 로드의 '히가시(東) 이케부쿠로 중앙공원'에서 열렸던
코스프레 행사 모습(저자 촬영)

이케부쿠로 오토메 로드에 있는 '집사 카페' 전경(저자 촬영)

오토메 로드 건너편 하가시(東) 이케부쿠로 중앙공원에서는 코스프레 행사가 자주 열리는데, 남성보다는 여성 취향의 캐릭터들이 상대적으로 많고, 보통 행사 당일 오후에만 진행되는데, 매번 2~3천여 명 참가자들이 모여서 작은 규모 공원에서 보기 드문 광경을 연출한다.

세 번째로 아키하바라, 이케부쿠로와 더불어 도쿄 하위문화(subculture)의 3대 성지이자 만화, 아니메 중고품들의 박물관이라고 불리는 나카노 브로드웨이는 4층 건물로 다른 두 곳에 비해 상대적으로 규모가 작다. 다만 나카노 브로드웨이는 모든 점포가 한 건물에 몰려있어, 사계절 내내 다니기가 매우 편리하고 아키하바라, 이케부쿠로에서 좀처럼 찾아보기 힘든 1960~1970년대 셀(cell) 그림, 원작 그림, 피규어, 만화책과 잡지, 전문 서적, 영화 포스터, 작가 친필 사인, 실제로 사용했던 대본 등 거의 박물관 수준의 희귀 아이템들을 대거 구비함으로써 분명한 차별화를 도모하였다.

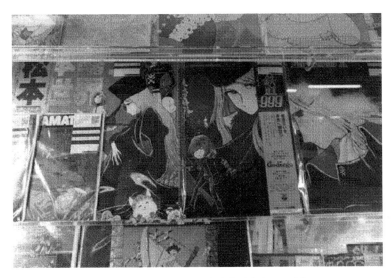

나카노 브로드웨이 3층 만다라케에 전시된 1970년대
인기 아니메 '은하철도 999' 자료들(저자 촬영)

나카노 브로드웨이 점포들의 콘텐츠 다양성은 점포 현황표(표 4, 123쪽)에 잘 나타나 있다. 사실 나카노 브로드웨이의 성장은 1980년 창업하여 중고 만화책 거래를 시작한 만다라케의 사업 확장과 관련이 깊다. 1990년대 만다라케가 마니아들에게 큰 인기를 얻으면서 중고 서적에서 벗어나 만화책과 잡지, 아니메 관련 셀화, 작화, 피규어, 대본, 영화 포스터 등 다양한 물건들을 매입, 전시, 판매하기 시작했다. 2019년 7월 현재, 나카노 브로드웨이 2층과 3층 많은 점포를 만다라케가 직접 운영하고 있다. 앞시 이케부쿠로 오토메 로드는 K북스가 장악한 거리인 반면, 나카노 브로드웨이는 그야말로 만다라케의 '홈그라운드'인 셈이다.

　　나카노 브로드웨이 지하에는 식당과 식품관, 패션점들이 자리 잡고 있으며, 1층에는 스튜디오 지브리 상품에 특화된 '만다라케 몬(Mandarake Mon)'과 개인 소장 피규어, 인형과 굿즈 전시 박스를 빌려주고, 대신 팔아주는 '렌탈 쇼케이스 이쿠칸(Rental Showcase Ikukan)'이 있다. 2층에는 도라에몽, 포켓몬, 원피스 캐릭터 인형들과 장난감들을 취급하는 '앤드 토이(And Toy)'와 플레이스테이션, X Box, 닌텐도 DS 등 중고 게임기와 콘솔, 게임 소프트웨어 등을 취급하는 '게임 스테이션'이 있다. 그 밖에 모형 기차 전문점 '트레인 모델 빅 야드(Train Models Bigyard)'와 각종 트레이딩 카드 전문점 '카이조쿠오(Kaizokuou)' 및 중고 피규어, 캐릭터 인형, 굿즈 전문점 '밤불(Bambool)'도 있다. 그러나 2층 핵심 구역은 역시 만다라케가 운영하는 상점들이다. '만다라케 스페셜관'은 울트라맨, 트랜스포머 등 다양한 로봇 피규어, 로봇 장난감들을 취급하고 있고, '만다라케 UFO관'은 과거에 큰 인기를 누렸던 아니메의 DVD와 CD 등을 판매한다.

나카노 브로드웨이 2층 '만다라케 UFO관' 전경(저자 촬영)

나카노 브로드웨이 2층 '트레인 모델 빅 야드' 점포 전경(저자 촬영)

아울러 '만다라케 디프(Deep)관'은 남성 취향의 동인지 작품들을 주로 취급하며, '만다라케 라이브(Live)관'은 여성 취향의 동인지 만화와 라이트 노벨들을 주로 판매한다.

나카노 브로드웨이 2층 '만다라케 디프(Deep)관' 전경(저자 촬영)

나카노 브로드웨이 2층 '만다라케 라이브(Live)관' 전경(저자 촬영)

그 밖에도 '만다라케 코스프레관'과 일본 영화와 극장판 아니메 상품을 취급하는 '만다라케 활동사진관' 및 '스페셜 4관', '스페셜 5관', '만다라케 카드관', '만다라케 미크로(Micro)관', '만다라케 대차륜'도 브로드웨이 2층에 있다.

나카노 브로드웨이 2층 '만다라케 활동사진관' 전경(저자 촬영)

나카노 브로드웨이 2층 '만다라케 코스프레관' 전경(저자 촬영)

나카노 브로드웨이 2층 '만다라케 미크로(Mirco)관' 전경(저자 촬영)

나카노 브로드웨이 2층 '만다라케 카드(Card)관' 전경(저자 촬영)

나카노 브로드웨이 2층 '만다라케 대차륜관' 전경(저자 촬영)

　만다라케 점포들은 브로드웨이 3층에도 있는데, 가장 큰 장소는 만다라케 중고 상품 매입 코너이다. 매일 온갖 아이템 수집가들과 만화, 아니메, 게임 마니아들이 자신들이 소장했던 물건을 팔기 위해 끊임없이 만다라케를 찾아오는데, 대부분 중고 물건 분류와 매매 가격이 데이터베이스(Data Base)로 구축되어, 매입코너에서는 별다른 흥정이나 마찰 없이 거래가 완료된다.

나카노 브로드웨이 3층 만다라케 중고품 매입 코너에서
물건을 팔고 있는 사람들 모습(저자 촬영)

'만다라케 스페셜 2관'은 '가면 라이더'와 같은 특수 촬영 드라
마 물건들을 취급하며, '만다라케 스페셜 3관'은 포켓몬, 드래곤
볼 등 소년 아니메와 건담, 에반게리온 등 로봇 아니메 물건들을
판매한다.

또한, 소녀 취향의 만화책과 라이트 노벨을 취급하는 '만다라케
본점 1관'과 성인 만화책, 라이트 노벨, 취미 관련 서적들을 판매하
는 '만다라케 본점 2관'도 브로드웨이 3층에 있다.

나카노 브로드웨이 3층 '만다라케 스페셜 2관' 전경(저자 촬영)

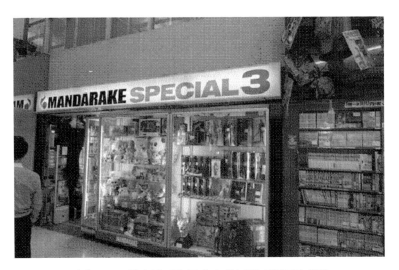

나카노 브로드웨이 3층 '만다라케 스페셜 3관' 전경(저자 촬영)

나카노 브로드웨이 3층 '만다라케 본점 1관'과 '만다라케
본점 2관' 로비 전경(저자 촬영)

나카노 브로드웨이 3층 '하비코로 토이관' 전경(저자 촬영)

나카노 브로드웨이 4층 '만다라케 마니아관' 전경(저자 촬영)

나카노 브로드웨이 4층 '만다라케 스페셜 6관' 전경(저자 촬영)

그 밖에 남자 아이돌 물건들을 취급하는 '만다라케 인피니티 (Infinity)관'과 아니메 캐릭터 인형과 피규어, 굿즈를 판매하는 '오모차노 포니(Omocha no Pony)', '가오치(Gaocchi)', '토이 번(Toy Burn)' 및 '하비코로 토이(Habikoro Toy)'도 3층에 있다.

한편 브로드웨이 4층에 있는 '만다라케 마니아관'은 실제로 사용했던 아니메 필름과 대본, 셀(cell) 그림, 팸플릿 등을 취급하며 '만다라케 헨야(Henya)'도 만화, 아니메 관련 '이상하고 신기한 물건', 즉 희귀 아이템들을 잔뜩 보유하고 있다. '만나라케 스페셜 6관'은 건담, 에반게리온을 비롯한 로봇 피규어, 굿즈에 특화되어 있으며, '만다라케 플라스틱관'은 구체관절 인형들과 인형 부속품들을 판매하고 있다. '만다라케 해마(海馬)관'은 초능력, 사후 세계, 고대 문명과 신화, 외계 생명체 등 그쪽 계통 마니아들이 좋아할 만한 자료들을 잔뜩 모아놓았다.

나카노 브로드웨이 4층 '만다라케 해마(海馬)관' 전경(저자 촬영)

아울러 '만다라케 카이바(Kaiba)'는 만화, 아니메 자료집과 사진첩, 기타 전문 잡지와 단행본을 취급하고 있다. 자동차 피규어 전문 매장, '아이 아이(aiai)' 및 디즈니 애니메이션 피규어와 장난감, 굿즈를 주로 취급하는 '토이 기아라혼(Toy Giallarhorn)'도 4층에 있다. 결국, 나카노 브로드웨이는 만다라케가 주도적으로 조성하고 발전시켜온 만화, 아니메, 게임 관련 종합 쇼핑몰이자 전시장, 박물관으로서 다른 곳에서는 좀처럼 구할 수 없는 희귀 아이템들이 마지막으로 머무는 곳이라고 할 수 있다.

03

점포의 밀집도(Store Density)와 중고품 가치 평가 (Used Item Evaluation)

점포의 밀집도란 특정 공간에 관련 점포들이 얼마나 많이 모여 있는지를 의미하는데, 아키하바라, 이케부쿠로, 나카노 브로드웨이는 만화, 아니메, 게임 관련 점포들의 밀집도에서 다른 지역들을 압도한다. 이들 세 곳의 점포들은 각 전철역으로부터 걸어서 10~15분 정도면 도달할 수 있는 범위, 즉 반경 300m 이내에 집중적으로 분포하고 있다. 우선 아키하바라의 경우, JR선 아키하바라역 전자상가 출구에서 라디오 회관을 지나 '보크스 하비천국'이 있는 추오도리까지 약 30m, 그리고 '보크스 하비천국'에서 추오도리 북쪽으로 지하철 긴자선 '수에히로초역' 근처, 키덜트(Kidult) 전문 상점 '탐탐(Tam Tam)'까지 약 300m 구간에 추오도리 양옆으로 전체 점포의 80%가량이 몰려 있다(그림 13).

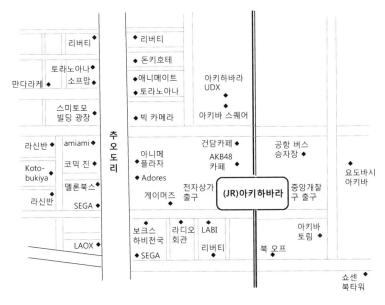

리버티 ◆ 리버티
토라노아나 ◆ 돈키호테
만다라케 ◆ 소프맙 ◆ 애니메이트 아키하바라
◆ 토라노아나 UDX
스미토모
빌딩 광장 ◆ 빅 카메라 아키바 스퀘어
추
오
라신반 amiami 도 건담카페 ◆ 공항 버스
아니메 AKB48 승차장
Koto- 코믹 진 리 플라자 카페 요도바시
bukiya ◆ Adores ◆ (JR)아키하바라 아키바
멜론북스 전자상가 중앙개찰
라신반 SEGA 게이머즈 출구 구 출구
보크스 라디오 LABI 아키바
하비천국 회관 토림
LAOX ◆ SEGA 리버티 북 오프
쇼센
북타워 ◆

출처: 저자 작성

(그림 13) 아키하바라역(JR) 주변 주요 점포 위치도

    특히 이 구간은 추오도리 서쪽으로 약 30m의 골목 상권을 포함하고 있다. 2019년 2월 현재, 전자제품 점포를 제외한 만화, 아니메, 게임 관련 아키하바라 점포들은 아니메, 코스프레, 도우진시, 피규어, 트레이딩 카드 등 16개 테마로 분류할 수 있고, 총 103개에 달한다(표 2). 물론 라디오 회관, 게이머스, 만다라케, 북 오프, 보크스 하비천국 등 백화점 유형의 점포들은 몇몇 테마에 중복으로 포함되었고, 기존 점포가 없어졌거나 새로 개장한 점포는 누락되었을 수도 있다. 16개 테마 선정과 점포 분류 작업은 아키하바라 공식 홈페이지(https://kr.akihabara-japan.com)와 현지에서 배포하는 관광 안내도(Akihabara Map)를 바탕으로 수행하였다.

(표 2) 아키하바라의 아니메, 만화, 게임 관련 점포 현황(2019년 2월 기준)

Anime Shop	Cosplay	Doujinshi	Figure	Capsule Toy	Doll
Cospa	Cospatio	Comic Zin	Akibanoekkusu	Gachaponkaikan	Little World
Amiami	Acos	Comic Jikchushinha	Anime Plaza	Habikoro Toy	Azone Label
Animate	Don Quijote	Toranoana	Astop	Yodobashi Akiba	Dolk
Gamers	Polka Polka	Mandarake	Goldenage		Volks Hobby
Kotobukiya	Assist	Melonbooks	Otachu		
Madarake		White Canvas	Kashibakoshoten	**Game**	**Idol Goods**
Volks Hobby		K-books	Hobby Lobby	Sofmap Akiba	Trio
Book Off			Lashinban	Trader	Don Quijote
Radio Kaikan			Tamashi Nations	Yellow Submarine	Radio Kaikan
			Robotrobot	Role&Roll	Madarake
Card Game	**Military Goods**	**Scale Model**	Liberty	SEGA	Gamers
Gamers	Echigoya	Champ R/C	Yellow Submarine	Adores	
Amenity Dream	S&Graf	Futaba Sangyo	Uchusen		
Cardkingdom	Sanko	Tam Tam	Yodobashi Akiba	**Retro Game**	**Robot**
Cherumo	Asobiba	Minichamps	Jangle	Super Potato	Tsukumo Robot
Fullcomp	Phantom	Ken Kraft	Radio Kaikan	Retro Game Camp	Vstone Robot
Hobby Station	Side Arms	Liberty	Madarake	Friends	Robot Shop Tech.
Toreka-Nodokutsu	Buso Shoten	Yodobashi Akiba			
Card World Akiba	Radio Kaikan	Radio Kaikan	**Train Model**	**CD & DVD**	**Book**
Radio Kaikan		Madarake	Popondetta	Sofmap Akiba	Book Off
Madarake			Tam Tam	Liberty	Yurindo
			Imon	Book Off	Books Sanseido
			Pochi	Tower Records	bLister Comics
			Liberty		Shoshen Book

출처: 아키하바라 공식 홈페이지(https://kr.akihabara-japan.com)와 관광 안내도(Akihabara Map)를 바탕으로 작성

사실 아키하바라를 방문하는 일반인들은 추오도리 양옆 골목 상권을 돌아다니면서 쇼핑을 하기보다는 라디오 회관이나 만다라케, 게이머스, 보크스 하비천국, 요도바시 아키바 등 백화점 유형의 점포 한두 곳에 오랫동안 머물면서 구경도 하고 물건도 구매하는 경우가 많다(그림 13). 물론 아키하바라에 자주 오는 마니아들은 좀 더 저렴하고 좋은 물건들을 찾아, 이곳저곳 발품을 팔기도 한다. 그러나 걷는 거리는 멀리 않아도 아키하바라 상권을 잘 모르는 사람들이 여기저기 돌아다니면서 물건을 사는 것은 결코 쉬운 일이 아니다. 추오도리 양옆 골목에는 작은 점포들이 많이 모여 있지만, 주말뿐만

아니라 평일에도 수많은 방문객으로 매우 혼잡하기 때문이다. 특히 아니메가 해외에서도 인기를 얻으면서 아키하바라를 찾는 외국인들이 꾸준히 늘어나고 있으며, 전자제품이나 아니메에 약간의 관심이라도 있는 사람들에게 아키하바라는 거의 '필수 방문지(must visit place)'가 되었다.

이케부쿠로는 JR 이케부쿠로역 동쪽 출구에 있는 '파르코(Parco)' 백화점에서 길 건너 '선샤인 60 스트리트'가 시작되는 지점까지 약 40m이고, '선샤인 60 스트리트'는 동쪽으로 수도 고속도로 5호가 지나는 지점까지 약 200m 구간이 핵심 상권이다(그림 14). 이 구간은 양옆으로 20m 정도의 골목 상권을 포함하며, 시네마 선샤인, 북오프, 애니메이트, 휴맥스 시네마, 종합 잡화점 도큐핸즈(Tokyo Hands), 게임 카페&레스토랑 스퀘어 에닉스(Square Enix) 등이 여기에 모여 있다. 아울러 도큐핸즈 바로 옆에는 선샤인 시티 지하 쇼핑몰로 연결되는 출입구가 있다.

다만 선샤인 60 스트리트는 각종 음식점과 의류, 신발, 잡화점에 비해 만화, 아니메 관련 점포가 상대적으로 적다. 또한, 선샤인 60 스트리트가 끝나는 지점부터 큰길 건너, 동서(東西)로 뻗은 150m가량의 '오토메 로드' 점포들을 포함해도 이케부쿠로의 점포 숫자는 아키하바라, 나카노 브로드웨이보다 상대적으로 작다. 이는 이케부쿠로가 전통적으로 '오토메 로드'의 K북스를 중심으로 라신반, 애니메이트 애넥스 선샤인, 만다라케 등이 대체로 여성 취향 상품들을 취급했던 점과 관련이 깊다(그림 14). 결국, 점포의 숫자보다는 점포의 전문성과 깊이를 더욱 중시한 셈이다.

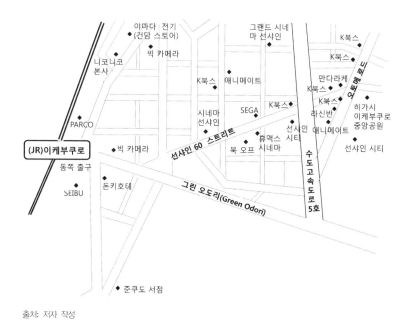

출처: 저자 작성

(그림 14) 이케부쿠로역(JR) 주변 주요 점포 위치도

  2019년 2월 현재, 이케부쿠로의 만화, 아니메 점포들은 총 66개로
파악되었으며, 대략 10개 테마로 분류할 수 있다(표 3). 이케부쿠로
의 경우, 만화, 아니메 점포의 70%가량이 선샤인 60 스트리트와 선
샤인 시티 쇼핑몰에 몰려 있어, 이케부쿠로 방문객들은 대체로 이곳
에서 쇼핑을 끝내는 편이다. 반면 여성향 마니아들은 저렴하고 특이
한 물건들을 찾아 오토메 로드로 직행하여 K북스, 라신반, 애니메이
트 애넥스 선샤인 등에 주로 머문다. 결국, 해외 관광객을 포함한 일
반인들과 코스프레, 동인지 등 여성향 마니아 간 체험 공간이 분리
된 셈이다. 한편 시네마 선샤인, 휴맥스 시네마, 그랜드 시네마 선샤
인 IMAX 등 영화관 5개가 이케부쿠로에 몰려 있는 점은 아키하바
라, 나카노 브로드웨이와 분명히 다른 차별화 포인트이다.

(표 3) 이케부쿠로의 아니메, 만화, 게임 관련 점포 현황(2019년 2월 현재)

Anime Shop	Cosplay	Doujinshi	Figure	Book & DVD
Niconico H.Q	K Books Cosplay	K Books Dojinshi	K Books Boys	Animate
Evangelion Store	Animate Sunshine	K Books Comic & Soft	K Books Anime	Book off
Animate	Kin29shop	Lashinban	Lashinban	Junkudo
Animate Sunshine		Madarake	Donguri Kyouwakoku	K Books Comic & Soft
Book off			J world Tokyo	MOE Garden
K Books Anime			Kin29shop	Chara Pop Store
K Books Boys			Yamada Denki	Kumazawa Shoten
Pokemon Center			Gundam Store	
Mega Tokyo	**Toy & Doll**	**Theater**	**Trading Card**	**Game**
Donguri Kyouwakoku	Kiddy Land	Cinema Sunshine	Book off	Namco Namja Town
MOE Garden	Chara Pop Store	Humax Cinema	Pokemon Center	J world Tokyo
Animega	Sanrio Vivitix	Sunshine Theater	Mega Tokyo	Mazaria
Chara Pop Store	Pokemon Center	Cine Libre	Lashinban	Sega
J world Tokyo	Mega Tokyo	Grand Cinema	Madarake	Adores
Mazaria	Disney Store	Sunshine IMAX		
Sanrio Vivitix	Nipopo	**Idol**		
Disney Store	Ani*Cute	K Books Voice		
Ani*Cute	Half Picnic	Chara Pop Store		
Kiddy Land	Harajuku Picnic			

출처: 이케부쿠로 관련 홈페이지(https://www.japan-guide.com/e/e3038.html)와 관광 안내도
(Ikebukuro Guide map)를 바탕으로 작성

　나카노 브로드웨이는 JR선 나카노역 북쪽 출구에서 230m가량 이어지는 일반 상점가 '선 몰(Sun Mall)'을 지나면 나온다. 나카노 브로드웨이 상점가는 남북으로 약 80m 길이에 폭이 20m가량 되는 4층 건물이며, 만다라케를 비롯한 만화, 아니메 관련 점포들은 2~4층에 몰려있다. 아키하바라, 이케부쿠로 점포들이 비록 거리는 가깝지만, 골목이나 큰 길가에 흩어져 있는 점을 고려하면 나카노 브로드웨이는 매우 응축된 체험 공간이다. 일반인들이나 마니아들에겐 기온이나 날씨 변화에 상관없이 언제든지 유사한 환경에서 쇼핑을 즐길 수 있다는 이점(利點)이 있다. 물론 오래된 건물의 실내 공간이고 조명이 다소 어두워서 방문객에 따라서는 쾌적한 쇼핑 공간이 아닐 수도 있다. 그러나 나카노 브로드웨이에서 구할 수 없는 물건들은 '결국 아키하바라, 이

케부쿠로에서도 구할 수 없다'라는 암묵적인 믿음이 현지 마니아들에게 퍼져 있다고 한다. 테마별로 온갖 희귀 아이템들이 거의 마지막으로 보관, 전시되고 거래되는 곳이 나카노 브로드웨이다.

2019년 2월 현재, 나카노 브로드웨이에는 총 110여 개 만화, 아니메 관련 점포들이 입점해 있으며, 이들은 대략 13개 테마로 분류할 수 있다 (표 4). 만다라케 홈그라운드답게 만다라케 이름을 내건 점포들이 숫자도 많고, 매장 규모도 상대적으로 크다. 그리고 만다라케는 만화책과 잡지, 아니메, 피규어, 트레이닝 카드, 동인지, 플라스틱 모형, 굿즈 등 거의 모든 테마에 걸쳐 점포를 운영하고 있다. 만다라케는 브로드웨이 3층 중고품 매입 코너를 통해, 개인 수집가들로부터 물건들을 공급받고 각 점포를 통해 이를 다시 판매하는 유통구조를 갖추고 있다. 결국, 브로드웨이를 찾는 방문객들은 만다라케와 그 외의 점포들을 자연스럽게 비교하면서 돌아다니게 되고, 마니아들은 대체로 단골 만다라케 점포가 있거나 기타 점포 중에서 그야말로 자신의 취향에 딱 맞는 어딘가로 직행할 가능성이 크다. 어떤 경우든지 희귀 아이템만 취급하는 틈새시장(niche market)형 점포들이 줄줄이 들어서 있고, 지하 슈퍼마켓과 식당가까지 완비되어 한 건물 안에서 쉽게 이동하며 모든 것을 해결할 수 있는 최적의 '원스톱(One-Stop) 쇼핑' 공간이다.

마지막으로 아키하바라, 이케부쿠로, 나카노 브로드웨이 점포들의 중고품 가치 평가 기능에 대해 언급하지 않을 수 없다. 만화, 아니메, 게임 관련 중고품들에 대한 시장 가치는 결국 수요와 공급이 만나는 지점의 '가격'이며, 그러한 가격이 공신력을 획득하여, 지속적인 거래 행위를 유발하기 위해서는 중고품 거래의 자율성, 거래의 투명성 및 중고품 분류와 거래내역 데이터 축적과 관리 등 세 가지 전제조건이 충족되어야 한다. 첫째, 중고품 거래의 자율성이란 개인 수집가와 일반인, 해외 방문객 등 중고품 구매자와 중고품을 전시, 판매하는 점포들 사이에 자유로운 의사결정, 즉 거래행위를 보장하는 것이다. 이는 중고 품의 현재 가치가 향후에 더 오를 수도 있고, 떨어질 수도 있는 리스크 를 양측이 각자 알아서 판단하고, 거래행위에 모든 책임을 진다는 뜻 이다.

(표 4) 나카노 브로드웨이의 아니메, 만화, 게임 관련 점포 현황(2019년 2월 현재)

Figure	Anime & Toy	Plastic Models	Game	Rental Showcase
Mandarake Mon	Madarake Mon	Mandarake Special 2	Game Station	Rental Figures Passage
Mandarake Special 1	Mandarake Special 1	Mandarake Hen Ya	Mandarake Galaxy	Astop Nakano
Mandarake Special 3	Mandarake Special 2	Mandarake Kaguya	Lashinban 3	Ikukan
Mandarake Special 4	Mandarake Special 3	Liberty Nakano 2	Janpara	Avanse
Mandarake Special 5	Mandarake Special 4	Plabbit	HAL Shop	Vent Vert
Mandarake Special 6	Mandarake Anime Kan	Astop Nakano	Adores Nakano	Cube Style
Mandarake Hen Ya	Mandarake Micro Kan	Rental Figures Passage	Namco Nakono	Collectors Mart Toreka
And Toy	Mandarake Wink		Nakano TRF	Collector Toybox Bowwow
Bambool	Mandarake UFO			Clear
Merry-Go-Round Toy	Mandarake H.Q			
Lashinban 2	Mandarake H.Q 2	**Book & DVD**	**Toy Car & Train**	**Trading Card**
Lashinban 3	Lashinban 1	Disc Five	Alf	Kaizokuou
Robot Robot 1	Lashinban 2	Books Rondo Sha	Train Models Bigyard	Amenity Dream
Robot Robot 2	Lashinban 3	Alphaville	Mandarake Daisharin	Cardshop Treasure
Robot Robot 3	And Toy	Tacoche	Mandarake Ryusenkeijiken	Mandarake Card
A-Moju	Bambool	Haruya Shoten & Style F	Model Shop Poppo Ya	Mandarake Konpeitou
Toy Burn	Omocha no Pony	Madarake Kaiba	F-2 Signass	
Habikoro Toy 1	Gaocchi	Madarake Mania Kan	aiai	
Habikoro Toy 2	Toy Burn			
Liberty Nakano 2	Freedon Garage	**Movie Poster & Item**	**Cosplay**	**Doll**
aiai	Apple Symphony	Madarake Katsudou	Pure Core	Antique Ajisai
Rental Figures Passage	Toy Giallahorn	Shashin	Mandarake Cosplay	Para Box
Astop Nakano	Gallery Café Ω	Kanransha	2.5Spinns	Madarake Plastic
	Pure Core			
		Doujinshi	**Idol Goods**	
		Mandarake Deep	Trio 2	
		Mandarake Live	Mandarake H.Q	
		Lashinban 1	Mandarake Infinity	

출처: 나카노 브로드웨이 공식 홈페이지(http://www.nbw.jp/index.html#!/en)와 '가이드북(Guide Book)'을 바탕 으로 작성

둘째, 거래의 투명성이란 점포들이 전시를 통해서 중고품 가격을 공개하고, 구매자들은 점포별 가격과 중고품 상태를 비교하여 구매 결정을 내리는 것을 의미한다. 아울러 개인 간 중고품 거래나 개인

'북 오프' 이케부쿠로점 중고품 매입 가격(2019년 7월) 공시표(저자 촬영)

이 점포에 중고품을 팔 때, 점포들이 공개한 시세를 바탕으로 거래
가 성사되는 것도 포함된다. 중고품 거래 시, 약간의 가격 흥정이 있
을 수도 있지만, 기본적으로 점포가 공개한 시세를 따른다는 것이다.
그런데 중고품 거래의 자율성과 투명성을 확보하기 위해서는 세 번
째 조건, 즉 중고품 분류 및 거래내역 데이터 축적과 관리가 선행되
어야 한다. 우선적으로 온갖 중고품들을 테마별로 분류하여 개별 상
품의 코드를 생성해야만 거래정보를 축적할 수 있으며, 이러한 사전
작업을 수행하는 곳이 북 오프, 만다라케, 라신반, K북스, 토라노아
나 같은 종합 점포들이다. 1960년대 초반부터 2019년 7월 현재까지
출시된 만화, 아니메, 게임 관련 중고품들은 상상을 초월할 정도로
많고 종류도 매우 방대하고 다양하므로, 중고품 분류 및 거래정보
DB 구축은 결코 아무나 할 수 있는 일이 아니다.

아키하바라 '만다라케 콤플렉스' 올드(old) 장난감 중고품 가격(저자 촬영)

아키하바라 '만다라케 콤플렉스' 올드(old) 자동차 모형 중고품 가격(저자 촬영)

제4장 아니메 체험 공간의 발전: 아키하바라, 이케부쿠로, 나카노 브로드웨이 125

결국, 종합 점포들은 '상업적 목적의 수집가(commercial collector)'라고 볼 수 있으며, 인기 품목의 보유량과 희귀 품목의 다양성 확보가 사업의 핵심 포인트이다. 따라서 '상업적 목적의 수집가'들은 가능한 한 많은 개인 수집가(individual collector)들과 상호 신뢰 관계 구축 및 지속적인 거래 관계를 유지하는 것이 매우 중요하다. 상업적 목적의 수집가들에게 다양한 중고품을 공급하고, 또한 구매하면서 시세를 형성하는 주요 파트너가 바로 개인 수집가들이기 때문이다. 물론 중고품 시세 형성에서 일반 구매자들이나 해외 방문객들이 덜 중요하다는 뜻은 결코 아니다. 구매자의 양적 증가와 함께 구매자의 다양성도 중고품 시장 발전의 관건이기 때문이다. 다만 중고품에 대한 개인 수집가들의 열정과 꾸준한 관심, 해박한 지식은 대체로 일본에서만 나타나는 독특한 수요조건이며, 이것이 3대 체험 공간 발전의 원동력이 되었다는 점은 부인할 수 없는 사실이다.

5장

코미케(Comiket)의
지속성과 철학

ANIME & COMICKET

일본 애니메이션 산업 패러다임 변화의 세 번째 산물은 바로 1년에 두 번(8월, 12월) 도쿄에서 열리는 코믹 마켓, 소위 '코미케(Comiket)'의 성장과 동인지(同人誌; Doujinshi) 문화의 지속성에서 찾을 수 있다. 2019년 현재 '코미케'는 아마추어 동인회(서클, circle)가 주도하는 세계 최대의 만화, 애니메이션, 라이트 노벨, 게임 및 코스프레 행사로 자리 잡았다. 1975년 12월, 처음 열렸던 코미케 제1회 대회에 32개 동호회, 700여 명이 참석했던 소모임이 어느덧 2018년 12월 29~31일 '코미케 95(C95)'에는 3만 5천여 개 동호회, 약 57만 명의 사람들이 참여하는 세계 최대 이벤트로 성장한 것이다. 그리고 2019년 8월 9~12일 도쿄 빅 사이트에서 '코미케 96(C96)'이 성황리에 열렸다.

2019년 8월 9~12일 열렸던 코미케 96 카달로그 및 코미케 96 행사장, 도쿄 빅사이트 전경 (저자 촬영)

이미 코미케는 더 이상 하위문화를 좋아하는 사람들만의 국내용 이벤트가 아니다. 새로운 콘텐츠를 다양한 방법으로 즐기기 위한 정례화된 국제 행사로서, 참가자 누구나 '주인'이 되는 주류 문화의 하나가 되었다. 특히 코미케는 정부나 기업이 아닌, 일반 참가자들이 자발적으로 주도하는 행사로서 1975년부터 2019년까지 한 해도 거르지 않고 꾸준히 열리면서 성장해 왔다는 점에 주목할 필요가 있다. 아울러 코미케가 지향하는 동인지 문화의 기본 철학은 '자유와 평등'이며, 이것이 바로 코미케 지속적 성장의 핵심 동력이라고 할 수 있다.

코미케의 지속성

코미케는 아마추어 소설, 만화, 아니메, 게임 동인회(同人會)들이 직접 창작한 작품들을 홍보하고 교류, 판매하는 거대한 시장이다. 1975년 첫 행사 때부터 1994년까지 20년간 순수 아마추어 동인회와 일반인들만 참가하는 행사였으나, 기업과 상업적 출판사들의 지속적인 요청으로 1995년 여름 코미케(C48)부터 기업 부스가 설치되었다. 그 당시 기업 부스를 설치하는 것에 대해 많은 아마추어 동인회들은 코미케 초기 정신과 맞지 않는다며 반대하였다. 그러나 코미케 준비위원회는 상업적 목적의 기업들이라도 만화, 아니메, 라이트 노벨, 게임 등 아마추어 '동인지 문화'를 지원하고 확대하는 데 플러스(+) 요인이 더 많다고 판단하였다. 그 이후 기업들도 코미케에 적극적으로 참여하기 시작했고, 갈수록 더 많은 기업이 참가를 희망하고 있으나 코미케 준비위원회는 동인지 부스 구역과 별도 구역을 설정하고, 매회 참여 기업의 숫자를 150개 정도로 제한하고 있다. 이는 '아마추어 동인지 거래 시장'이라는 코미케의 처음 취지를 계속 유지하기 위한 것이다.

사실 코미케는 판매자와 구매자를 구분하지 않고, 모든 사람을

코미케 96, 도쿄 빅 사이트 내부 동인지
전시장으로 이동하는 사람들 모습(저자 촬영)

'참가자(participant)'라고 부른다. 아울러 나이와 성별, 재산, 학력,
사회적 지위를 막론하고 모든 참가자는 코미케에서 '주인'도 '고객'
도 아니며, 각각의 참가 목적에 충실한 '평등한 인격체'라는 초기 정
신을 그대로 유지하고 있다. 코미케는 1975년 첫 행사 이후 2019년
7월 현재까지 매년 2회, 또는 5년에 한 번씩 열리는 '스페셜(special)'
행사가 있는 해에는 3회씩, 한 해도 거르지 않고 계속 열렸다. 이는
'코미케 준비위원회(Comiket Preparatory Committee; コミケ準備会)'
와 일본 아마추어 동인회의 저력과 끈기를 엿볼 수 있는 대목이다.
1990년 8월 '나츠(여름) 코미(Natsu Comi)'와 12월 '후유(겨울) 코
미(Fuyu Comi)'로 정례화되기 전까지는 4~5월 '하루(봄) 코미(Haru
Comi)'가 별도로 열린 해가 많았다.

코미케 참가 동인회와 참가자는 1982년까지 각각 1,000여 개, 1

코미케 96, 도쿄 빅 사이트 동인지 전시장 내부 모습(저자 촬영)

만여 명을 좀처럼 넘어서지 못했으나, 1983년 4월 코미케(C23)에 1,200여 개 동호회와 1만 3천여 명의 참가자를 기록하면서 본격적인 증가세를 나타냈다. 그 후 1989년 12월 코미케(C37)에서 동인회 1만여 개, 참가자 10만 명을 돌파하였고, 이듬해 1990년 8월 코미케(C38) 참가자는 20만 명을 가볍게 넘어섰다. 그리고 1996년 8월 코미케(C50)는 1만 8천여 개 동인회와 35만여 명의 참가자를 기록했으며, 1999년 8월 코미케(C56)에는 3만 5천여 개의 동인회와 40만 명의 사람들이 참가했다. 그 후 코미케에 참가하는 동인회 숫자는 행사 규모의 상한선에 도달하여 3만 5천여 개 수준을 꾸준히 유지하였으며, 참가자는 2004년 8월(C66) 사상 처음 50만 명을 초과하였고, 2013년 8월(C84)에 약 59만 명을 기록하며 정점을 찍었다. 전반적으로 2007년부터 2018년까지 참가자 숫자는 8월 나츠 코미 55만 명, 12월 후유 코미 50만 명 수준을 계속 유지하였다.

다만 일각에서는 1996년 개관한 '도쿄 국제전시장, 일명 '도쿄 빅 사이트(Tokyo Big Sight)'가 3일 동안 수용할 수 있는 최대 인원이 약 60만 명으로, 수용 인원 초과 시 각종 안전 문제로 인한 행정 규제 때문에 공식적인 참가자를 60만 명 이하로 조정하여 발표한다는 이야기도 나오고 있다. 특히 아니메의 해외 판매 증가와 인터넷을 통한 해외 보급이 더욱 확대되면서 한국, 대만, 중국, 미국과 유럽에서 온 해외 참가자도 꾸준히 늘어나고 있다.

한편 일본과 함께 세계 3대 만화, 애니메이션 국가로 여겨지는 미국과 프랑스에서도 각각 '코믹콘 인터내셔널: 샌디에이고(Comic-Con International: San Diego)'과 '앙굴렘 국제 만화 페스티벌(Festival international de la bande dessinée d'Angoulême)이 매년 한 차례씩 열리고 있다. 1970년 시작된 '코믹콘 인터내셔널: 샌디에이고'는 만화책뿐만 아니라 잡지, 애니메이션, 마블 시리즈, SF 영화, TV 드라마, 게임 등 대부분의 콘텐츠를 포괄하며, 아마추어 서클(circle)들의 창작물보다는 디즈니, 픽사, 넷플릭스, 아마존, 소니, 마블 스튜디오 등 대형 콘텐츠 기업들이 대거 참여하여 신작 마케팅과 전략적 제휴, 신규 사업 기회를 모색하는 상업적 성격이 좀 더 뚜렷한 행사라고 할 수 있다. 2012년 약 12만 명의 사람들이 참관하였고, 그 숫자가 꾸준히 증가하여 2018년 행사에는 관람객이 20여만 명에 달했다.

'앙굴렘 국제 만화 페스티벌'은 1974년 처음 열렸고, 아마추어 만화 서클 작품뿐만 아니라 프로 만화가, 중대형 만화 출판사들이 참여하여 신간 소개, 판매, 전시회 및 작가들의 팬 사인회 등 그야말로 '만화책 중심의 국제 이벤트'라는 특징을 가지고 있다. 매년 1월에 열리고, 매년 평균 6~7천여 명의 만화가와 업계 관계자, 20만여 명의 관람객들이 다녀가는 유럽 최대 만화 행사로 자리 잡았다. 두 행사는 각각 북미와 유럽을 대표하는 국제 행사로서 관람객 동원력과 지속성을 갖추고 있으나, 아마추어 동인회와 회원들의 자발적인 참여와 기획으로 열리는 행사는 사실상 코미케가 유일하며, 참가자 규모 면에서 코미케는 두 행사를 압도한다. 그 밖에 매년 3월 말 열리는 '도쿄 국제 아니메 페어 (Tokyo International Anime Fair)'는 2002년 도쿄도가 기획하여 첫 행사가 시작된 이후, 상업 만화 출판사, 아니메 스튜디오, 방송사들이 참가하는 국제 행사로 자리 잡았다. 다만 최근에도 행사 나흘 동안 방문객 숫자는 10~13만 명에 머물고 있어, 참가자 규모나 파급 효과 면에서 코미케와 여전히 큰 차이를 보인다.

02

코미케의 철학 1:

자유

코미케의 가장 중요한 철학은 바로 '표현의 자유'이다. 이는 일본 '동인지 문화'의 핵심 가치이며, 코미케는 아마추어 동인회(circle)의 자유로운 표현의 성과들을 사고파는 시장이다. 1999년 여름부터 참가 동인회가 꾸준히 3만 5천여 개를 유지하였고, 동인회마다 10여 명 정도가 코미케에 참가한다고 가정해도, 약 35만 명이 동인회 관계자인 셈이다. 결국, 코미케는 '자유로운 표현을 추구하는 동인회를 위한, 동인회에 의한, 동인회 행사'라고 정의할 수 있다. 왜 이렇게 많은 동인회와 그 회원들이 매년 코미케에 자발적으로 참여하는지, 일본 같은 동인지 문화가 미약하거나 없는 국가나 지역에서는 참으로 이해하기 어려운 현상이다. 사실 일본에서 만화와 아니메, 게임 관련 아마추어 동인회 활동은 1960년대 후반부터 이미 시작되었으며, 그 후 50여 년간 일본이 만화와 아니메, 게임 분야에서 세계적인 '콘텐츠 강국'으로 부상하는 데 결정적 역할을 하였다. 뭔가 색다르고 재미있는 콘텐츠를 만들어내는 데 있어서, '표현의 자유'를 추구하는 아마추어 동인회가 콘텐츠 산업의 훌륭한 수요조건이자 공급조건이 된 것이다.

'표현의 자유'는 코미케 준비위원회가 2018년 12월 코미케(C95)

코미케 96, 도쿄 빅 사이트에서 동인회 멤버들의 동인지
전시와 홍보, 판매 모습(저자 촬영)

카탈로그를 통해 밝힌 '코미케 이념과 비전'에 잘 나타나있다. C95 카탈로그에서 '코믹 마켓의 중요한 목적은 기존의 상업 영역 밖에서 행해지는 창작 행위를 돕고, 이를 통해 만화, 애니메이션, 게임을 중심으로 동인회들 사이의 교류와 혁신을 도모하는 것'이라고 밝히고 있다. 아울러 '코미케는 개인의 창의성, 자주성, 자유를 강조하는 동인회 운영을 강조하며, 그렇게 함으로써 좀 더 다양하고 많은 종류의 동인지 발행 그룹들을 포함하고자 한다'라고 언급하였다. 더 나아가 '코미케는 예술적 자유를 가장 중요시하며, 법으로 금지된 것과 코미케의 원활한 운영을 위한 최소한의 관리와 규제 외에는 개인의 창작 활동과 표현의 자유를 최대한 보장할 것'이라고 밝히고 있다. 결국, 매년 수많은 동인회와 그 멤버들이 코미케에 자발적으로 참가하는 가장 큰 이유는 '자신의 창작물을 좀 더 많은 사람에게 알

코미케 96, 도쿄 빅 사이트 정문 앞 광장에서
코스프레를 즐기는 사람들 모습(저자 촬영)

리고 배포하는 기회'를 얻기 위함이고, 주제와 내용, 형식에 제한 없
이 거의 모든 창작물이 받아들여지고 존중받기 때문이라고 할 수 있
다. 따라서 코미케는 모든 참가자에게 만화, 아니메, 게임, 소설을 포
함한 모든 장르에서 '뭔가 새로운 것'을 시도하는 행위에 대해 관용
과 예의를 갖출 것을 요구하고 있다. 이는 매년 2회 열리는 코미케
가 자발적인 변화와 혁신을 추구하지 않으면 행사가 지속되기 어려
울 것이라는 코미케 준비위원회의 판단과 맞물려 있다. 즉 변화 모
멘텀을 계속 유지하기 위해, 코미케는 참가자 간 평등과 자주성을
바탕으로 '표현의 자유를 최대한 보장하는 공간(space)'이어야 한다
는 것이다.

한편 코미케에서 '표현의 자유'는 크게 '창작 주제의 자유'와 '창
작 방법의 자유' 등 두 가지 측면에서 보장된다. 우선 '창작 주제의

코미케 96, 도쿄 빅 사이트 동쪽 출구 쪽 야외에서
코스프레를 즐기는 사람들 모습(저자 촬영)

자유'는 종이 형태 창작물들이 다루는 주제에 대한 어떠한 편견이나
금기를 두지 않는다는 뜻으로 가족 관계, 연예, 사랑, 스포츠, 로봇,
우주, 외계인, SF, 판타지, 초능력, 미래사회, 인공지능, 게임 등 일
반적인 만화 주제뿐만 아니라 역사, 철학, 인물, 사상, 문학, 군용 무
기, 자동차, 철도, 세계관, 지구 환경, 과학기술 등 인간이 가질 수
있는 모든 관심사와 취미가 창작 주제가 된다. 특히 오랫동안 통상
적으로 받아들여지는 '다양한 유형의 고정관념 및 정치나 사회 권
력'에 대한 도전과 비판은 '표현의 자유'의 핵심이라고 할 수 있다.

   두 번째로 '창작 방법의 자유'는 종이 매체 이외의 창작물로, 가장
대표적인 것이 다양한 캐릭터를 자신만의 의상, 화장, 헤어스타일과
몸짓으로 재구성하여 개성을 뽐내는 코스프레 행사이다. 그 밖에 직
접 제작한 보드게임, 그림, 사진, 장난감, 프라모델, 피규어, 인형, 의

상, 굿즈뿐만 아니라 게임 소프트웨어, **CD, DVD,** 전자 매체를 활용한 창작물 그리고 웹툰, 온라인 스트리밍 동영상과 애니메이션 등 각종 디지털 창작물도 '창작 방법의 자유'에 포함된다. 이와 함께 코미케에서 동인지와 각종 창작물에 대한 자유로운 평가와 의견교환, 자발적인 거래, 인기 동인지와 창작물에 대한 수요 초과도 마치 '완전 경쟁 시장'에서 시장 참가자들의 자유로운 거래 활동과 매우 비슷하다.

03

코미케의 철학 2:

평등

　　코미케는 1975년 첫 행사부터 현재까지 동인지, 창작물 판매자와 구매자를 따로 구분하지 않고, 모든 사람을 '참가자(participant)'라고 불러왔다. 즉 나이와 성별, 재산, 학력, 사회적 지위를 막론하고 모든 참가자는 코미케에서 '주인'도 '고객'도 아니며, 각각의 참가 목적에 충실한 '평등한 인격체'라는 초기 정신을 그대로 유지하고 있다. 이처럼 모든 참가자를 '평등한 인격체'로 규정하고 상호 간 존중과 예의, 책임을 강조한 것은 '표현의 자유'를 보장하는 데 '평등'이 필수 조건이기 때문이다. 코미케 참가자는 동인회 및 기업 참가자, 일반 참가자 그리고 코미케 준비위원회 등 크게 세 그룹으로 나눌 수 있다. 우선 동인회 참가자는 코미케의 할당된 부스에서 동인지와 각종 창작물을 전시하고 판매하는 사람들이다. 동인회 참가자들은 자신들이 가져온 물건들을 팔기도 하고, 다른 동인회 물건들을 구입도 하는 코미케의 주역이다. 종이 책자를 기준으로 매회 평균 1,200~1,300만 권의 동인지가 배포되며, 그중 900만~1,000만 권 동인지가 현장에서 거래된다. 또한, 매회 평균 5만여 개의 동인회가 코미케 참가 신청을 하며(당선 비율 약 70%), 추첨을 통해 참가 동인회를 결정하는데 신청서 내용을 바탕으로 장르별로 최대한 균형을 맞출 수 있도록 당선 비율을 사전에 안배한다.

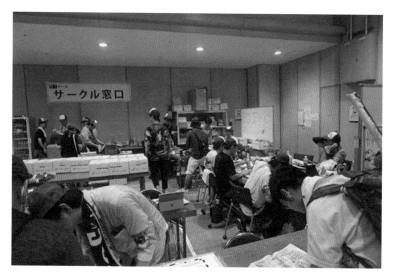

코미케 96, 도쿄 빅 사이트 내부 동인지 부스 접수처의 스태프 참가자(자원봉사자)들 모습(저자 촬영)

기업 참가자는 상업적 목적을 지닌 만화 관련 출판사, 아니메 스튜디오, 음반 기획사, 게임 제작사, TV 방송국, 신문사, 서점 등 유통 업자를 모두 포함하며 매회 평균 150개 기업이 참가하는데, 참가 신청서 채택률은 50~55% 수준으로 알려져 있다. 기업 참가자 중에는 일본 지방자치단체나 프로레슬링협회 및 구글, 마이크로소프트, NTT 등 IT 기업들도 다수 포함되어 있다. 2000년대 들어 기업 참가자들은 단순한 홍보와 이벤트뿐만 아니라 일반 참가자와 동인회 참가자를 겨냥한 코미케 한정판을 출시, 현장 판매실적을 극대화하는 전략을 구사하고 있다.

코스프레 참가자도 일반 참가자와 달리, 2013년 12월 코미케(C85)부터 선행 입장제도를 활용하여 동인회 참가자처럼 코미케 개장 전에 입장할 수 있게 되었다. 물론 사전 신청을 하지 않고, 일반 참가자와 같이 개장 후 입장하여, 현장 등록 후 코스프레를 할 수도 있어, 코스프레 참가자는 동인회 참가자와 일반 참가자 성격을 모두 가지고 있다. 사실 코스프레 참가자는 개성 있는 의상과 소품, 화장, 헤어스타일을 바탕으로 다양한 퍼포먼스(performance)와 볼거리를 제공하는 '코미케의 꽃'이라고 할 수 있다. 여름 코미케를 기준으로 매회 평균 1만 8,000~2만여 명이 코스프레 참가자로 등록하며, 여성과 남성의 비율은 2000년대 초반까지도 8:2, 또는 7:3 정도로 여성이 월등히 많았으나 최근에는 6:4 정도로 남성 참가자가 많이 늘어났다.

일반 참가자는 동인회나 기업 참가자, 자원봉사자(스태프; Staff), 코스프레 참가자가 아닌 일반인들로 사전 등록이나 입장료가 필요 없으며, 대부분 개장 시간에 맞춰, 또는 그 이후에 입장하는 사람들이다. 2014년 조사에서 일반 참가자의 여성과 남성 비율은 55:45로 여성이 더 많은 것으로 나타났으나, 남성이 꾸준히 증가하여 최근에는 거의 50:50에 근접한 것으로 알려져 있다. 아울러 일반 참가자의 약 70%는 도쿄와 전철로 1~2시간 이내 도쿄 인근 지역에서 방문한 것으로 나타났고, 일반 참가자 연령은 25~29세가 전체 참가자의 30% 정도로 가장 많았고, 30~34세가 약 27%로, 20~24세가 25%로 그 뒤를 이었다.

스태프 참가자는 매회 코미케마다 사전 신청을 완료하고 코미케 준비위원회 확대 모임에 참석한 자원봉사자들로서 코미케 기간 3일 내내 행사장 안팎에서 행사 지원과 안전, 질서유지를 담당한다. 스태프 참가자 규모는 2009년 8월 코미케(C76)에 2,900여 명이었으나, 2013년 12월 코미케(C85)에서 약 3,250명이었고, 그 후 3,500명 수준을 유지하였다. 매회 행사마다 자원봉사자가 3,000명을 넘는다는 점은 그냥 쉽게 보아 넘길 일이 아니다. 스태프 참가자 대부분이 꾸준히 코미케를 방문했던 동인회 멤버나 일반 참가자, 또는 코스프레 참가자들로서 다른 직업을 가진 사람들이 주말 3일 내내 자원봉사를 한다는 것은 코미케에 대한 보통 열정과 애착만으로는 생각하기 어렵기 때문이다.

사실 1975년부터 코미케가 한 해도 거르지 않고 계속 열리면서 세계 최대의 하위문화 행사로 성장한 것은, 코미케 자원봉사자들의 열정과 헌신에 힘입은 바 크다. 한편 자원봉사자 중심의 코미케 준비위원회는 2005년 12월 코미케(C69)까지는 행사를 진행하고 종료 이후에 해체하는 임시 조직이었으나, 2006년 8월 코미케(C70)부터는 '유한회사 코미켓(Comiket Inc.)' 산하 상설 조직으로 변경되었다. 다만 행사 전까지 소규모 상설 조직으로 바뀐 후에도 준비위원회 대부분은 여전히 무보수 자원봉사자로 구성되어있다. '유한회사 코미켓'은 1985년 비영리 법인으로서 설립되었고, 그 후 조직과 운영 규약을 계속 변경하다가 1996년 지금과 같은 모습을 갖추었다. 주요 업무는 장소 섭외와 계약, 카탈로그 제작과 판매, 동인회 참가자 추첨과 신청비 접수, 기업 참가자 선발과 신청비 접수, 코스프레 참가자 사전 접수뿐만 아니라, 취재와 연구조사 접수, 참가자 정보와 코미케 실적 관리, 광고 협상과 계약, 지적 재산권 등록 및 각종 법률문제 처리 등 코미케 준비위원회가 법적 주체로서 처리하기 어려운 일들을 감당한다. 그런데 매년 110만 명에 달하는 참가자와 창작 매체의 확대 등을 고려할 때, 유한회사 코미켓이 처리해야 하는 일들은 양적으로나 질적으로나 결코 만만치 않다. 따라서 아무리 비영리 법인이라고 하더라도 조직운영에서 투명성과 공정성, 신속하고 책임 있는 의사결정 구조가 확보되지 않으면, 그 조직은 지속성을 갖기가 매우 어렵다. 결국, 코미케 참가자 간 평등을 강조하듯, 코미케 준비위원회 자원봉사자 간 평등과 유한회사 코미켓의 수평적 조직운영, 구성원 간 자율과 책임이 준비위원회 지속성의 관건이라고 할 수 있다.

6장

아니메 산업 빙산의 하부구조와
코미케의 가치

ANIME & COMICKET

아니메 산업의 패러다임 변화의 특징을 다시 한번 요약하면, 첫째, 심야 아니메 방영 시간 증가에 따른 성인용 아니메 증가, 둘째, 아니메가 단순히 '보는 것'에서 '직접 느끼고 체험하는 것'으로 진화한 점, 셋째, 하위문화(subculture)에서 탈피하여 종합 예술작품으로서 이미 주류 문화 영역에 들어섰다는 점이다. 그런데 성인용 아니메 증가는 표현 방식과 편집, 구성, 스토리 차이를 추구하는 아니메 스튜디오들의 다양성과 관련이 깊다. 또한, 아니메가 '직접 체험하는 것'으로 진화한 점은 도쿄의 3대 체험 공간 발전과 관계가 많고, 아니메가 주류 문화 영역에 들어선 점은 일본을 대표하는 국제 행사로 성장한 코미케에서 찾을 수 있다(그림 8, 27쪽). 세 가지 특징은 수요조건, 무엇보다도 코미케의 성장과 유기적으로 연결되어 있다. 그 이유는 만화, 아니메 산업 클러스터(cluster)로서 도쿄의 지리적 이점(利點)을 분석하기 위한 '다이아몬드(Diamond) 모델'을 통해 파악할 수 있다. 마이클 포터(M. Porter)는 특정 산업이 특정 국가나 지역에서 생산성이 상대적으로 높은 이유를 요소조건(factor conditions), 수요조건(demand conditions), 관련 및 지원산업(related & supporting industries), 기업의 전략, 구조 및 경쟁(firm strategy, structure & rivalry) 등 네 가지 측면에서 분석하였다(그림 15, 150쪽).

아니메 산업의 요소조건과 수요조건

              국가경쟁력이란 결국 국내 산업들의 생산성에 의해 결정되며, 특정 산업에서 상대적으로 높은 생산성을 '얼마나 오랫동안 유지할 수 있느냐?'가 국가경쟁력의 원천이라고 할 수 있다. 즉 다이아몬드 모델에 의하면, 아니메가 일본뿐만 아니라 해외에서도 꾸준히 잘 팔리는 것은 아니메 스튜디오들의 높은 생산성 때문이며, 이는 일본 전체 아니메 스튜디오들의 87%가 몰려 있는 도쿄의 훌륭한 입지조건(locational condition)과 관련이 깊다.

   마이클 포터의 다이아몬드 모델에서 요소조건은 기업이 부가가치를 창출하는 데 필요한 다양한 생산요소, 즉 토지, 노동력, 자본, 기술 및 경영 노하우(knowhow) 등을 얼마나 '쉽고 저렴하게 조달할 수 있는가'를 의미한다. 수요조건은 전체 소비자 규모, 소비자들의 구매력과 구매 의지, 제품에 관한 관심과 지식 등을 포함한다. 관련 및 지원산업은 연구개발 기관, 대학, 행정기관, 광고 미디어, 금융, 보험 등 전후방 연관 기업과 기관들의 제품과 서비스 수준 및 접근 용이성 등을 포함한다. 아울러 기업의 전략, 구조 및 경쟁상황은 경쟁기업들의 규모, 경쟁 수준, 독과점 구조와 협력 상황 등을 가리킨다(그림 15, 150쪽). 다이아몬드 모델을 아니메 산업에 적용한다면,

첫째, 요소조건 측면에서 아니메 스튜디오들이 비싼 임대료와 건물 유지비에도 불구하고 도쿄에 몰려 있는 가장 큰 이유는 다양하고 우수한 노동력을 다른 지역들보다 더 쉽게 고용할 수 있기 때문이다. 비록 토지 비용은 비싸지만 저렴하고 풍부한 노동력, 아니메 공동 투자자 모집과 제작위원회 구성을 통한 자금조달의 용이성, 만화와 라이트 노벨 등 원작 판권 확보 및 작화와 촬영, 편집 기술 획득의 용이성, 마케팅과 세무, 회계, 노무 등 스튜디오 경영 노하우 획득에서도 도쿄에 견줄 만한 곳이 별로 없기 때문이다.

둘째, 수요조건에서 도쿄는 일본의 정치, 경제, 문화의 중심지로서 일본을 넘어, 세계 최대의 도시 경제권을 형성하고 있다. 도쿄 경제권(Greater Tokyo Area)은 도쿄도와 서남쪽으로 가나가와(Kanagawa), 요코하마(Yokohama), 동남쪽으로 치바(Chiba), 서북쪽으로 사이타마(Saitama), 군마(Gunma), 동북쪽으로 도치기(Tochiqi), 이바라키(Ibaraki) 등을 포함한다. UN 통계에 따르면 2016년 현재, 도쿄 경제권에는 약 3,814만 명이 거주하며 인구 밀도는 1km²당 2,624명을 기록, 세계 최대의 도시 경제권으로 나타났다. 세밀하게 잘 짜인 광역 철도망을 바탕으로 도쿄 도심과 인근 지역 간 일일생활권을 만드는 데 성공한 것이다. 아울러 2016년 미국 브루킹스 연구소가 발표한 자료에 따르면, 2014년 도쿄 경제권 GDP는 1조 6,000억 달러로 뉴욕 경제권(뉴욕 도심, 뉴저지, 코네티컷 포함 약 2,200만 명 거주) GDP 1조 4,000억 달러를 제치고 세계 1위로 나타났다. 2018년 현재 베이징-텐진, 상하이-항조우, 광조우-선전 등 중국의 신흥 도시 경제권들이 빠른 속도로 추격하고 있으나, 도쿄 경제권은 약 2조 달러의 GDP를 유지하며, 여전히 중국의 도시 경제권들을 앞서고 있다.

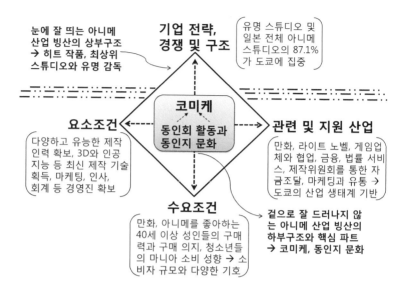

눈에 잘 띄는 아니메 산업 빙산의 상부구조 → 히트 작품, 최상위 스튜디오와 유명 감독

기업 전략, 경쟁 및 구조

유명 스튜디오 및 일본 전체 아니메 스튜디오의 87.1% 가 도쿄에 집중

코미케 동인회 활동과 동인지 문화

요소조건

다양하고 유능한 제작 인력 확보, 3D와 인공 지능 등 최신 제작 기술 획득, 마케팅, 인사, 회계 등 경영진 확보

관련 및 지원 산업

만화, 라이트 노벨, 게임업체와 협업, 금융, 법률 서비스, 제작위원회를 통한 자금조달, 마케팅과 유통 → 도쿄의 산업 생태계 기반

수요조건

만화, 아니메를 좋아하는 40세 이상 성인들의 구매력과 구매 의지, 청소년들의 마니아 소비 성향 → 소비자 규모와 다양한 기호

겉으로 잘 드러나지 않는 아니메 산업 빙산의 하부구조와 핵심 파트 → 코미케, 동인지 문화

출처: 저자 작성

(그림 15) 아니메 산업 빙산의 하부구조 및
아니메 산업 클러스터로서 도쿄의 입지조건 분석

사실 2018년 일본 GDP는 5조 1,670억 달러로 미국, 중국에 이어 세계 3위, 외환 보유고는 1조 2,709억 달러로 세계 2위였고, 인구는 1억 2,649만 명, 1인당 명목 GDP는 40,849달러로 세계 3위였다. 다만 일본 전체 인구에서 65세 이상 인구가 차지하는 비중이 2018년 현재 27%를 넘어선 점이 수요조건의 흠결(欠缺) 요인일 수 있다. 그러나 일본의 경우, 아니메 산업 1세대가 태평양 전쟁 이후, 1950~1960년대 출생이기 때문에 60세 이상 고령자들이 아니메 산업의 수요조건과 거리가 멀다고 보기 어렵다. 오히려 일본에서 약 6,000만 명으로 추산되는 40세 이상 아니메 시청자들의 한 부분을 차지하고 있다. 무엇보다도 도쿄의 3대 체험 공간이나 코미케를 중심으로 만화, 아니메에 관한 관심과 열정을 가진 성인들이 꾸준히 만나고 교류하는 것

은 구매력과 구매 의지 측면에서 우호적인 수요조건임이 분명하다. 더 나아가 새로운 작품을 평가하고 좋은 작품을 선별할 수 있는 시청자들이 많다는 점도 아니메 산업 발전의 중요한 수요조건이다.

02

아니메 산업의 관련, 지원산업 및 제작사의 전략, 경쟁

세 번째로 관련 및 지원 산업조건에서 아니메 산업의 전후방 연관 기업과 기관들도 도쿄에 집중되어 있다. 즉 아니메 제작 가치사슬 전방 활동에서 가장 중요한 원작 만화와 라이트 노벨 출판사들은 상당수가 도쿄에 모여있고, 원작자들은 대부분 출판사와 계약을 통해 활동하고 있다. 또한, 작화와 촬영, 편집, 음향 등 아니메 제작 관련 외주 업체들도 도쿄에 몰려있다. 최근 스튜디오들은 인공지능(AI)을 활용하여 아니메 배경화면이나 연속 동작들의 포인트를 연결하는 동화 부분을 그리기 시작했는데, 그러한 서비스를 처음 시작한 DeNA도 도쿄에 본사가 있다. 한편 아니메 제작 가치사슬 후방 활동의 핵심은 TV 방영과 '원 소스-멀티 유즈(One Source & Multi-Use)'라고 불리는 마케팅이다. 신작 아니메, '원 소스'가 TV에서 방영된 이후, DVD나 블루레이, 온라인 스트리밍, 게임, 파친코, 음반, 피규어, 굿즈 등 다양한 방법(멀티 유즈)으로 수익을 창출하는 것이다.

이러한 마케팅 활동은 일본 특유의 아니메 제작 컨소시엄, 즉 제작위원회 활동과 관련이 많다. 예나 지금이나 아니메 제작은 전형적인 '고위험, 고수익(high risk, high return)' 사업으로 간주하고 있으며, 많은 스튜디오가 흥행 실패에 따른 손실을 줄이기 위해 아니메 제작 전에 여러 스폰서(sponsor)의 투자를 받아, 투자 지분에 따른 제작위원회를 꾸린 후에 제작을 시작한다. 그리고 '원 소스-멀티 유즈' 마케팅은 다수의 스폰서 간 긴밀한 교류와 협력을 필요로 하므로 스폰서 간 지리적 인접성이 중요하다. 결국, 스튜디오를 중심으로 서로 가까운 곳에 위치하는 것이 여러모로 유리한 구조이다. 일반적으로 TV 도쿄나 후지 TV 등 주요 방송국을 포함하여 음반회사, 게임회사, 광고 대행사, 출판사, 피규어 및 프라모델 제작사 등이 스폰서로서 제작위원회에 참여하며, 스폰서들은 TV 시청률과 시장 반응을 예의주시하면서 새로운 사업기회 모색과 수익사업을 전개하는 것이다. 제작위원회 제작 방식은 흥행 실패에 따른 스튜디오의 손실을 최소화하면서 아니메 제작 이후 거의 모든 후방 활동들을 제작위원회가 진행하기 때문에, 스튜디오들은 여러 작품 제작을 동시에 진행할 수 있는 여력을 갖게 된다. 다만 아니메가 흥행에 성공하더라도 수익 대부분은 제작위원회 스폰서들이 가져가게 되며, 감독이나 원작자의 철학, 작품성보다는 흥행과 수익성을 우선시하는 스폰서들이 제작과정에 개입함으로써 상업적 성격이 강한 아니메가 점점 많아지는 현상이 나타나고 있다.

넷째, 기업의 전략, 구조 및 경쟁에서는 무엇보다도 일본 전체 아니메 스튜디오, 662개(2016년 현재) 중에서 87.1%(542개)가 도쿄에 몰려 있는 점에 주목할 필요가 있다. 물론 이는 치열한 생존경쟁을 의미하지만, 상호 제휴와 협력 가능성도 크다는 점에서 의미가 있다. 아니메 스튜디오들은 역사와 전통, 작품 흥행 실적과 브랜드 인지도 및 매출

규모에 따라 최상위권과 상위권, 중위권, 신생 스튜디오 등으로 분류할 수 있다. 그러나 대중들에게 익히 알려진 20~30개 최상위권 스튜디오들을 제외하면, 대부분은 직원 30명 미만의 영세 업체들이다.

아울러 제작위원회 제작 방식으로 인해 아니메가 흥행에 성공하더라도 스튜디오 몫으로 배분되는 수익은 매우 적고, 스튜디오들은 사전에 정해진 제작 수당만 받는 경우가 많다. 이러한 상황에도 불구하고 아니메를 즐겨 보는 시청자들이 스튜디오들의 경영 성과나 제작 관행, 근무 환경에 대해 약간의 '환상'을 갖는 것은 히트 작품을 제작했던 몇몇 스튜디오의 명성 때문이다. 일본뿐 아니라 해외에서도 널리 알려진 '토에이 애니메이션'이나 '스튜디오 지브리', '선라이즈' 등이 디즈니처럼 제작과 배급 및 마케팅을 독자적으로 추진하는 시스템을 갖추었다고 여기는 것이다. 그러나 일본을 대표하는 스튜디오들도 제작위원회 방식을 통해 신작을 만드는 사례가 계속 늘어나고 있다. 좋게 보면 제작위원회와 함께 분업구조를 만들고, 스튜디오들은 아니메 제작에만 몰두하는 구조인 셈이다. 그러나 아니메 산업의 가치사슬에서 작품 제작보다는 배급과 유통, 마케팅 등 후방 활동에서 더욱 많은 부가가치가 창출되는 점은 아니메 스튜디오들이 진지하게 되짚어봐야 할 대목이다.

03

코미케의 가치

많은 아니메 스튜디오들이 도쿄에서 제작 사업에 몰두하는 것은 아무리 영세한 업체라도 위탁 제작이나 협업 요청이 많아 지속적인 생존이 가능하고, 때에 따라서는 제작위원회를 통해 독자적인 작품 제작 기회를 잡을 수 있기 때문이다. 특히 스튜디오 간 위탁 제작이나 협업은 경쟁과 협력을 모두 중시하는 산업 생태계 관점에서 살펴볼 수 있다. 즉 스튜디오들은 아니메 장르와 작화, 촬영, 편집 방법의 차별화를 추구하지만, 다른 한편으로는 상호 공존을 모색하는 파트너 의식이 암묵적으로 존재한다고 보는 것이다. 다만 그러한 파트너 의식은 겉으로 잘 드러나지 않으며, 특히 외부인들이 그 실체를 파악하기는 매우 어렵다. 더 나아가 아니메 산업 생태계 관점에서 도쿄에 집중된 스튜디오 간 경쟁과 협력 관계를 다루는 것이 맞는지, 또한 산업 생태계 관점이 일본 특유의 기업 문화와 유의미한 관계가 있는지도 판단하기 어렵다. 스튜디오 실무자들로부터 좀 더 객관적이고 구체적인 자료를 확보해야 하기 때문이다.

무엇보다 중요한 점은 몇몇 히트 작품들과 20~30개 유명 스튜디오들, 또는 인기 감독들만 보고 아니메 산업 전체를 평가하지 말아야 한다는 것이다. 히트 작품들과 유명 스튜디오들은 최종 결과물로서 눈에 잘 띄는 부분이지만, 아니메 산업이라는 거대한 빙산에서 수면 위에 살짝 드러난 일부분이기 때문이다(그림 15, 150쪽). 아니메 산업이라는 거대한 빙산에서 수면에 잠긴, 하부구조는 요소조건과 수요조건 및 관련, 지원산업 등이며 수면 위에 드러난 부분은 기업의 전략, 구조 및 경쟁으로 유명 스튜디오들과 주요 작품 및 차별화 전략들이다. 다이아몬드 모델을 통해 도쿄가 아니메 산업 발전에 매우 유리한 입지조건을 갖추고 있음을 파악할 수 있으며, 이러한 입지조건은 도쿄의 3대 체험 공간 발전과 스튜디오 집중화 현상의 핵심 요인이다. 그런데 빙산의 하부구조에서 가장 주목해야 할 부분은 수요조건이며, 좀 더 구체적으로 말하면 코미케와 동인지 문화이다. 매년 두 번씩 도쿄에서 열리는 코미케는 참가자 규모나 동호회 숫자를 떠나, 자유와 평등이라는 두 가지 철학을 지속해서 전파하였다는 점에 가장 큰 의미를 부여할 수 있다. 즉 코미케에서 표현의 자유와 참가자 간 평등은 동전의 양면처럼 긴밀한 관계에 있고, 변화와 혁신, 남들과 다른 시도를 통해 재미를 추구하는 동인지 문화의 핵심 가치이기도 하다.

일본 전역에 뿌리를 둔 만화, 아니메, 라이트 노벨, 게임 등 다양한 아마추어 동인회 멤버들은 주요 소비자인 동시에 미래 인적 자원들로서 향후 만화, 아니메 관련 업종에 종사하거나 설사 관련 업종에서 일하지 않더라도 좋은 안목을 갖춘 비평적 소비자가 될 가능성이 크다. 결국, 10대, 20대부터 다양한 작품들을 보고, 듣고, 읽고, 평가하고 자기 생각을 표출하면서 남들과 꾸준히 교류하는 장소가 동인회이며, 동인지는 그러한 동인회 활동의 최종 성과물이다. 그리고 코미케는 일본 전역에서 만들어진 동인지들을 한 장소에 모아서 전시하고 교류, 거래하는 행사로서 오랜 시간에 걸쳐 형성된 일본 특유의 사회문화적 현상이다. 따라서 동인회 활동이나 동인지 문화는 다른 국가나 지역에 이식되기 어렵고, 동인회가 주축이 되는 코미케는 다른 국가의 정부나 기업들이 주도적으로 나서서 모방하려고 해도 좀처럼 모방할 수 없는 행사라고 할 수 있다. 이것이 바로 동인지 문화와 코미케가 아니메 산업 하부구조의 중심에 놓여야 하는 이유이다.

참고문헌

쓰가타 노부유키(저), 고혜정·유양근(역), 2018. 일본 아니메 무엇이 대단한가, 서울: 박영사.

쓰가타 노부유키(저), 김준영(역), 2007. 일본 애니메이션의 힘, 서울: (주)킴스 라이센싱.

오카다 토시오(저), 김승현(역), 2000. 오타쿠, 애니메이션, 게임, 영화에 미친놈들, 서울: 현실과 미래.

에티엔 바랄(저), 송지수(역), 2002. 오타쿠, 가상 세계의 아이들, 서울: 문학과 지성사.

수잔 J. 네피어(저), 임경희(역), 2005. 아니메(Anime), 서울: 루비박스.

아즈마 히로키(저), 이은미(역), 2007. 동물화하는 포스트 모던, 파주: 문학동네.

고현진(편), 2015. 도쿄 100배 즐기기, 서울: (주)알에이치코리아.

김익환, 2017. 덕후들의 성지, 도쿄 & 오사카, 고양: 다봄.

이진천, 2011. 21세기 신문화의 리더, 오타쿠, 서울: 디씨에스.

이승우·김영미·임형수·박행운·박관형, 2012. 코미케를 즐기다, 부천: 한국만화영상진흥원.

양미석, 2019. 리얼 도쿄, 서울: 한빛라이프.

조성기, 2009. 아니메에서 일본을 만나다, 서울: 도서출판 어문학사.

정원, 2009. 오타쿠 이웃나라, 서울: 버무리.

한혜원·김미정, 2019. 셀프트래블 도쿄, 서울: 상상출판.

한국문화콘텐츠진흥원, 2007. 일본 애니메이션 산업의 역사, 서울: 커뮤니케이션북스.

한국문화콘텐츠진흥원, 2007. 일본 애니메이션은 미국시장에서 어떻게 성공했나?, 서울: 커뮤니케이션북스.

Byunghun Choi, 2018. "Demand Condition Study of Japanese Animation Industry," The Journal of Northeast Asian Economics Studies, 30(3), pp.115-140.

Patrick Drazen, 2014. Anime Explosion, CA: Stone Bridge Press.

Patrick W. Galbraith, 2012. Otaku Spaces, WA: Chin Music Press.

일본 애니메이션 협회(The Association of Japanese Animations), 2019. "Anime

Industry Report 2018"

일본 애니메이션 협회(AJA), 2018. "Anime Industry Report 2017"

일본 애니메이션 협회(AJA), 2017. "Anime Industry Report 2016"

일본 애니메이션 협회(AJA) 통계 홈페이지(https://aja.gr.jp/english/japan-anime-
data)

코미케(Comiket) 공식 홈페이지(https://www.comiket.co.jp/)

위키피디아 코미케 영문 정보(https://en.wikipedia.org/wiki/Comiket)

위키피디아 아니메 영문 정보(https://en.wikipedia.org/wiki/Anime)

위키피디아 아키하바라 영문 정보(https://en.wikipedia.org/wiki/Akihabara)

위키피디아 이케부쿠로 영문 정보(https://en.wikipedia.org/wiki/Ikebukuro)

나무위키 코믹 마켓 정보
(https://namu.wiki/w/%EC%BD%94%EB%AF%B9%20%EB%A7%88%EC%BC%93)

나무위키 일본 애니메이션 정보
(https://namu.wiki/w/%EC%9D%BC%EB%B3%B8%20%EC%95%A0%EB%8B%88
%EB%A9%94%EC%9D%B4%EC%85%98)

나무위키 아키하바라 정보
(https://namu.wiki/w/%EC%95%84%ED%82%A4%ED%95%98%EB%B0%94%EB
%9D%BC)

나무위키 이케부쿠로 정보
(https://namu.wiki/w/%EC%9D%B4%EC%BC%80%EB%B6%80%EC%BF%A0%E
B%A1%9C)

나무위키 나카노 브로드웨이 정보
(https://namu.wiki/w/%EB%82%98%EC%B9%B4%EB%85%B8%20%EB%B8%8C
%EB%A1%9C%EB%93%9C%EC%9B%A8%EC%9D%B4)

아키하바라 공식 홈페이지(https://kr.akihabara-japan.com)

이케부쿠로 가이드 홈페이지(https://www.japan-guide.com/e/e3038.html)

나카노 브로드웨이 공식 홈페이지(http://www.nbw.jp/index.html#!/en)

数土直志, 2017. 『誰がこれからのアニメをつくるのか?』星海社新書.

増田弘道, 2018. 『製作委員会は悪なのか？アニメビジネス完全ガイド』星海社新
書.

舛本和也, 2014. 『アニメを仕事に！トリガー流アニメ制作進行読本』星海社新書.

津堅信之, 2004. 『日本アニメーションの力』NTT出版.

トーマス・ラマール(著)、藤木秀朗・大崎晴美(訳), 2013. 『アニメ・マシーン』

名古屋大学出版会.

高橋光輝 · 津堅信之(著), 2011.『アニメ学』NTT出版.

大塚 康生, 2013.『作画汗まみれ 改訂最新版』文藝春秋.

『ガッチャマン』の歴史―『クラウズ』から『科学忍者隊』までを遡る、Ameba
　　　　　　　　ニュース、(https://stg-news.ameba.jp/entry/20130826-380)

『あの人もこの人も"タツノコプロ"出身でした』、Asianbeatサイト、
　(http://asianbeat.com/ja/feature/issue_artists/ab_feature_48.html)

토에이 애니메이션 홈페이지(http://www.toei-anim.co.jp/)

신에이 동화 홈페이지(http://www.shin-ei-animation.jp/)

동화 공방 홈페이지(http://www.dogakobo.com/)

무시 프로덕션 홈페이지(https://www.mushi-pro.co.jp/)

매드하우스 홈페이지(http://www.madhouse.co.jp/)

MAPPA 홈페이지(http://www.mappa.co.jp/)

샤프트 홈페이지(http://www.shaft-web.co.jp/)

교토애니메이션 홈페이지(http://www.kyotoanimation.co.jp/)

선라이즈 홈페이지(http://www.sunrise-inc.co.jp/)

반다이 남코 픽쳐스(BNP) 홈페이지(http://www.bn-pictures.co.jp/)

스튜디오 딘 홈페이지(https://www.deen.co.jp/)

본즈 홈페이지(https://www.bones.co.jp/)

타츠노코 프로 홈페이지(http://www.tatsunoko.co.jp/)

피에로 홈페이지(http://pierrot.jp/)

세븐 아크스 홈페이지(http://www.7arcs.co.jp/company/)

J.C. STAFF 홈페이지(http://www.jcstaff.co.jp/)

SILVER LINK 홈페이지(http://www.silverlink.co.jp/)

Production I.G 홈페이지(https://www.production-ig.co.jp/)

WIT STUDIO 홈페이지(http://www.witstudio.co.jp/)

P.A. WORKS 홈페이지(https://www.pa-works.jp/)

최병헌 (주저자)

공주대학교 경영학과 교수
미국 오하이오주립대학교(The Ohio State University) 경영학 석사(MBA)
한국외국어대학교 국제지역대학원 국제지역학 박사

주요 연구 실적은 '중국 자동차 산업의 미래(저서)', '온라인 공간에서 중국 기업들의 비즈니스 모델 차별성 연구', 'Demand Condition Study of Japanese Animation Industry', 'Strategic Group of Japanese Automobile Industry' 외 다수가 있다.

윤상민 (공동저자)

선라이즈 Digital Creation Studio 제작진행 담당
츠쿠바 국립 대학교(University of Tsukuba) 인문문화학군 • 비교문화학류 • 사상전공
정보문화학 코스 졸업

한국의 염광고등학교를 졸업 후 일본 유학을 하였으며, 2018년 4월부터 '건담'과 '러브라이브'로 유명한 반다이 남코 그룹 소속의 애니메이션 제작회사 '선라이즈'에 취직하여 제작진행으로 활동 중이다. 제작에 참여한 애니메이션은 '파이트 리그'와 '배틀 스피리츠 Saga Brave' 등이 있다.

E-Mail : soularte218@gmail.com

아니메 &
코미케

초판인쇄 2019년 11월 15일
초판발행 2019년 11월 15일

지은이 최병헌 & 윤상민
펴낸이 채종준
펴낸곳 한국학술정보㈜
주소 경기도 파주시 회동길 230(문발동)
전화 031) 908-3181(대표)
팩스 031) 908-3189
홈페이지 http://ebook.kstudy.com
전자우편 출판사업부 publish@kstudy.com
등록 제일산-115호(2000. 6. 19)

ISBN 978-89-268-9700-3 93320